PIERRE RABHI

LE CHANT DE LA TERRE

DES MÊMES AUTEURS

RACHEL ET JEAN-PIERRE CARTIER

Nous avons rencontré les prophètes d'aujourd'hui, Plon (1989).
Femmes de lumière, La Table Ronde (1991).
Ces drogués qui ont vaincu la drogue, Plon (1991).
Prophètes d'aujourd'hui, Albin Michel (1992).
Il n'y a pas d'amour perdu, entretiens avec Philippe Maillard, Critérion (1992).
Les Gardiens de la terre, La Table Ronde (1994), Pocket (2000).
Pour une théologie du cœur, entretiens avec Monseigneur Germain, Le Fennec (1994).
Islam, l'autre visage, entretiens avec Eva de Vitray-Meyerovitch, Critérion (1991), Albin Michel (1995).
Accroche ta vie à une étoile, entretiens avec Stan Rougier, Albin Michel (1996).
Il y a une vie après la ville, La Table Ronde (1997).
Les Enfants du cosmos. Les Mayas aujourd'hui, La Table Ronde (1999).
Thich Nhat Hanh ou le bonheur de la pleine conscience, La Table Ronde (2001).
Ramakrishna, un maître pour notre temps, La Table Ronde (2004).

ANNE-SOPHIE NOVEL

Le Guide du locavore pour mieux consommer local, Eyrolles, 2010.
Vive la corévolution !, Alternatives, 2012.

Rachel & Jean-Pierre Cartier

PIERRE RABHI

LE CHANT DE LA TERRE

Édition revue et augmentée
par Anne-Sophie Novel

LA TABLE RONDE
33, rue Saint-André-des-Arts, Paris 6e

ISBN 978-2-7103-6976-9.

www.editionslatableronde.fr

I

Novembre dans les Cévennes

Il tombe une pluie régulière et drue qui va durer toute la journée. Une fois quittée la Nationale qui va d'Aubenas à Alès, nous nous engageons sur une petite route qui, sage dans les premiers kilomètres, devient soudain difficile, avec des virages serrés et incroyablement raides. Une route qui a été construite pour des charrettes mais certainement pas pour des automobiles. Plus loin encore, elle se transforme en chemin. On voit que celui-ci a été rapetassé et qu'on doit y jeter de temps en temps un tombereau de pierres. Notre pauvre voiture cahote et gémit. Nous voici arrivés, le chemin ne va pas plus loin. Il nous offre un parking que la pluie a rendu quelque peu boueux. Il nous faut encore marcher pendant quelques dizaines de mètres, longer le tas de compost, nous mettre sur le côté pour laisser le passage à une trentaine de chèvres[1] et voici que la maison surgit du brouillard. La maison du bout du monde. Une grande maison en pierres brutes perchée comme si elle dominait un vaste paysage. Pierre Rabhi nous dira plus tard que, de là, par temps clair, on peut apercevoir dix-sept clochers. Aujourd'hui, à cause du brouillard, nous n'en voyons pas un seul et nous sommes heureux de pénétrer dans la douce chaleur d'une cuisine à l'ancienne. Là, nous faisons la connaissance de Pierre Rabhi.

C'est un homme petit, de frêle apparence, le visage barré d'une moustache, chaleureux et toujours parfaitement courtois. Nous avons rencontré lors de nos pérégrinations, Rachel et moi, de nombreux personnages que nous jugeons extraordinaires mais c'est la première fois que l'un d'entre eux nous accordera une semaine entière sans la moindre interruption, sans le moindre coup de téléphone. Pierre Rabhi est si modeste que lorsqu'on se tient devant lui pour la première fois, on a du mal à croire qu'il ait vécu une vie aussi volontaire et aussi romanesque. Mais dès qu'il se met à parler, on voit se lever dans ses yeux une passion qui est à la fois brûlante et raisonnée. Une passion contrôlée.

Il est né dans l'oasis de Kenadsa, dans le Sud algérien, un tout petit flot de verdure perdu dans

1. Aujourd'hui, il n'y a plus de chèvres. La foudre est tombée sur la chèvrerie, qui a brûlé.

l'immensité des sables et cela a conditionné toute sa vie. Il faut l'entendre chanter l'oasis. Elle est à ses yeux un miracle, non pas venu d'en haut mais un miracle de la volonté et de l'obstination des hommes. Une civilisation à nulle autre pareille, un jardin cultivé avec amour de génération en génération au cœur d'un paysage minéral d'une terrible rudesse. Avec une émotion teintée de nostalgie, il se souvient des caravanes qui surgissaient de nulle part pour repartir on ne savait où. Sa vie entière, nous le verrons, a été marquée par les valeurs de ces peuples nomades et aussi par celles de ces paysans acharnés à faire jaillir la vie et à créer une société harmonieuse au cœur d'un paysage inhumain.

> « Les gens du désert, affirme-t-il, sont des gens qui sont vraiment dans leur intériorité. On voit le désert comme un gouffre horizontal mais il y a aussi en lui une verticalité. J'ai connu dans mon enfance les valeurs fortes de l'islam. Ma vie est devenue, sans que je sache exactement comment, une sorte de voyage initiatique. »

Il se revoit « trottant dans l'oasis, une chemise de coton me battant les mollets ». Lui qui a tant souffert de n'avoir qu'un émouvant souvenir de sa mère morte lorsqu'il avait quatre ans se remémore son père, « le forgeron au teint clair et aux cheveux crépus », qui faisait jaillir des gerbes d'étincelles en battant le fer rougi au feu.

> « Je suis fier de cet homme, dit-il, démesurément fier de ce qu'il représente... cet homme aux muscles secs et tendus, ce forgeron au visage puissant, à la volonté aussi dure que le fer qu'il mate. »

C'est de lui, il le reconnaît, qu'il tient cette curiosité pour la matière, cette habileté manuelle qui lui a été si utile tout au long de sa vie et qui fait encore de lui aujourd'hui un homme capable de tout faire.

Ce qui, par-dessus tout, nous a frappés, c'est que Pierre Rabhi est un homme complet, un réalisateur et un poète. Il sait être un scientifique rigoureux, un expérimentateur infatigable sur le terrain, il est capable d'exposer dans ses conférences des arguments sans failles mais il est en même temps possédé par cette si rare vertu qu'est l'émerveillement devant toutes les manifestations de la vie. Il sait être poète et aussi musicien, il écrit des livres qui sont des chants d'amour pour la nature et, chaque fois qu'il a un moment de loisir, son plus grand plaisir est de faire chanter son violon[1].

Écoutons ce qu'il dit de l'oasis et du désert dans son très beau livre *L'Offrande au crépuscule*[2] :

1. Pierre Rabhi ne joue plus de violon désormais.
2. Éditions de L'Harmattan, 2001.

« Cela me ramène à mon propre terreau, en cette oasis où le dieu Chronos était pris de songe et d'indolence comme de boisson. Tout semblait suspendu en une attente sans fin. Le vaste désert nous submergeait de son silence et plongeait toute la cité dans une grande méditation. Et au cœur de cette ambiance faite du bercement lent des muezzins appelant à la prière, ainsi que des gestes et des paroles mesurées, il y avait comme une saveur d'éternité. »

Le premier jour, sans trop savoir pourquoi, comme un prologue avant d'aborder des problèmes sans doute plus essentiels, nous avons eu envie de demander à Pierre Rabhi de nous parler de l'arbre. C'était pour nous le moyen de pénétrer d'emblée au cœur de ce qui est sa spiritualité, l'aspect sacré de la création et de la nature. Sans cesse, nous avons retrouvé, au cours de nos conversations, le grand souffle qui nous avait tant enthousiasmés lors de nos rencontres avec les Amérindiens ou les Mayas. Oui, l'arbre est sacré. Pierre Rabhi le sait depuis toujours et il a été d'accord pour le mettre en exergue de notre livre.

« Les arbres, nous a-t-il dit, sont la toison de notre planète. Observez un arbre de près et, si votre sensibilité est éveillée, vous vous apercevrez qu'il a une aspiration vers le ciel. C'est un capteur d'énergie. La Terre, dans le complexe cosmique, s'est dotée d'un certain nombre de moyens pour communiquer et l'arbre est l'un des plus évidents. Il n'est pas seulement de la cellulose, un élément physiologique dégageant de l'oxygène et du gaz carbonique. Il y a en lui, être vivant, quelque chose qui relève d'une sorte de magie. Le rôle de l'arbre est véritablement de connecter la terre et le ciel.

Il est aussi le protecteur de la terre et c'est pourquoi nous devons nous-mêmes le protéger. Il atténue la violence des éléments. Quand la terre est livrée toute nue comme elle l'est dans le Sahel et dans le désert, quand elle est privée de cette frondaison protectrice, elle subit des érosions dévastatrices.

J'ajoute que l'arbre est en quelque sorte de la terre émergée et dressée vers le ciel. Avez-vous déjà vu un séquoia ? Il est gigantesque et vous pourriez penser que lorsqu'il disparaîtra il laissera un trou mais pas du tout ! Il est lui-même de la terre et, à sa mort, il ajoute de la terre à la terre. Comme tous les arbres morts, il fond dans la terre et crée de l'humus.

L'arbre est l'une des plus belles créatures qui soient. C'est un être vivant, il est silencieux mais il peut être aussi chantant. Il est une flûte pour le vent, il abrite les oiseaux, il peut être le symbole d'une grande jubilation. Il peut exprimer la colère des éléments, ce qui ne l'empêche pas d'être extrêmement subtil.

Si vous regardez une feuille, vous constatez qu'elle est vivante jusqu'à l'extrémité de ses ramifications. L'arbre est comme elle, vivant jusqu'au bout. L'hiver, quand il est dépouillé, vous pouvez voir toute sa structure. C'est magnifique. Personnellement, j'aime le contempler au printemps lorsque son vert est si tendre, j'aime le contempler l'été dans son plein épanouissement, l'automne avec ses couleurs flamboyantes et l'hiver quand il s'offre dans son dépouillement. Il est curieux de constater que sa forme, avec ses ramifications, rappelle la forme des poumons. Les arbres ne sont-ils pas les poumons de notre planète ? Je me souviens d'avoir vu un jour, en survolant le désert, des embranchements qui ressemblaient à des arbres, on pouvait voir les troncs, les branches… c'était très beau et très symbolique. »

Rachel intervient pour dire que, comme les arbres, nous les hommes, nous avons des racines, des ramifications, un sommet et que, comme eux, plus nous nous enracinons et plus nous pouvons nous élever vers le ciel.

« C'est tout à fait vrai, confirme Pierre Rabhi.

— Donc, à vos yeux, les arbres sont sacrés.

— C'est une évidence.

— Pourtant nous les massacrons.

— Nous massacrons toutes les créatures, les éléphants, les baleines, les hippopotames, les tourterelles… Pourquoi pas les arbres ?

— Les forestiers affirment pourtant que si on laisse la forêt à elle-même, elle n'est qu'un fouillis dans lequel les arbres ne peuvent s'épanouir.

— Je ne pense pas que la forêt tropicale ait eu besoin de nous pendant des millénaires. Pendant tout ce temps, les forêts ont continué à exister sans que l'homme n'ait été là pour s'en occuper et les entretenir. Elles se sont bien débrouillées elles-mêmes et les arbres y sont magnifiques. Le drame, c'est qu'aujourd'hui les forêts ne nous intéressent que pour le profit que nous pouvons en tirer.

— Donc vous seriez d'accord avec cette femme chamane qui nous a dit un jour : “Couper un arbre est une affaire grave.” Elle nous a même expliqué comment faisaient ses ancêtres et comment font encore aujourd'hui les Amérindiens qui veulent rester fidèles à leurs traditions, comment il faut d'abord, avant de couper un arbre, utiliser tout le bois mort qui se trouve autour au lieu de le laisser pourrir, comment il faut lui parler, le toucher, lui expliquer pourquoi on a besoin de lui. Que pensez-vous de cela ?

— Cela signifie qu'il faut demander à la vie au lieu de penser que tout nous appartient. Je me souviens de l'interview d'un milliardaire satisfait de lui. Le journaliste lui a demandé s'il n'avait pas le sentiment d'être un prédateur. Il a répondu que c'était une question fondamentale mais il a aussitôt noyé le poisson. Si j'avais été présent, je lui aurais dit : “Monsieur, quand un lion mange une antilope, il la digère mais il ne la stocke pas. Alors que les prédateurs humains vont au-delà de la nécessité, au-delà du seuil légitime. Il nous faut survivre, c'est sûr, nous devons nous nourrir. C'est un besoin naturel. Nous pouvons prélever ce qui nous est nécessaire mais à condition de ne pas oublier la gratitude. C'est cette gratitude qui est la reconnaissance du sacré.

L'arbre a besoin de vivre. Moi aussi. Donc je passe une convention avec lui et, à ce moment-là, ce n'est plus du tout la même chose. C'est la vie qui donne à la vie. Tel est le processus normal. Le problème de l'être humain, c'est qu'il accumule, qu'il accapare au-delà de sa nécessité. Alors il n'est plus dans l'harmonie."

— Est-ce que vous connaissez l'histoire de ce photographe qui a fait un album sur les arbres[1] ? Il nous a expliqué qu'il tourne autour de l'arbre avant de le photographier. Il attend l'adhésion de l'arbre et cela peut durer jusqu'à deux jours. À ce moment-là, si l'arbre accepte – il en est qui refusent – il parvient à photographier son aura. Ses photos sont magnifiques, extraordinaires.

— Oui, cela est intéressant et montre bien que nous sommes en train d'entrer dans une autre phase, d'aller vers un autre plan de conscience infiniment plus subtil. Nous avons exploré la matière, nous nous sommes beaucoup amusés avec elle, nous nous somme laissé fasciner par elle mais nous nous rendons compte aujourd'hui que cette façon de faire a ses limites et qu'elle ne nous rend pas parfaitement heureux. Il est temps d'explorer d'autres voies.

Je voudrais dire un mot des arbres fruitiers car ils représentent un tout autre problème. J'en ai

1. Thomas Hoover.

planté beaucoup, j'ai obtenu de bons résultats mais pas toujours. Cela tient au fait que l'arbre fruitier a subi beaucoup de nos interventions, il a été greffé, reproduit, modifié et il arrive qu'il ne prenne pas ou que, s'il prend, il ne donne pas de fruits. Il exprime ainsi son malaise d'avoir été planté dans un endroit qui ne lui convient pas, qu'il s'agisse du climat ou du sol. Il est malade.

Un chêne, un frêne, un peuplier poussent là où ils doivent pousser. Ils trouvent d'eux-mêmes les conditions qui leur conviennent. Ce sont des arbres naturels. Alors que les arbres fruitiers sont des arbres domestiqués. Tout comme les animaux domestiques sont plus fragiles que les animaux sauvages, les arbres fruitiers ont besoin d'assistance. Il arrive souvent, par exemple, qu'ils soient attaqués par des insectes. Il faut comprendre que, la plupart du temps, l'insecte n'est pas un ennemi. Il est le gendarme de la nature. Il intervient pour dire : cet arbre ne doit pas se reproduire car, s'il se reproduit, il va faire dégénérer la race. L'insecte ravageur intervient donc très souvent pour éliminer les individus qui ne sont pas aptes à reproduire la vie avec toute sa force.

Pour qu'un verger produise de beaux fruits, il faut que l'arbre se sente dans son milieu naturel, qu'il soit en harmonie avec son environnement. Le climat compte aussi, bien sûr, vous ne plantez pas d'oliviers à Lille mais il faut avant tout tenir compte du sol et de l'ensoleillement. Il y a un nombre de paramètres importants qui interviennent dans le choix des espèces, des variétés…

Sans doute avez-vous remarqué que, très souvent, les fruits n'ont plus le goût délicieux qu'ils avaient autrefois. C'est souvent parce qu'on les oblige à vivre dans un endroit où ils ne se plaisent pas et que, pour les obliger à produire tout de même, on est obligé de les traiter et de les retraiter. Avant l'arrivée de ces poisons, ou bien ça marchait ou ça ne marchait pas. Si ça marchait, ça marchait bien, c'était naturel. Les vieux grimoires que j'ai pu consulter montrent bien que les arbres avaient alors une vigueur énergétique leur permettant de s'accommoder de remèdes légers et non de l'artillerie lourde que sont les produits d'aujourd'hui.

Ce qu'il faut retenir de tout cela, c'est que l'arbre est un être vivant et qu'il est le garant de la survie humaine. Chaque fois que nous le maltraitons, nous nous maltraitons nous-mêmes. Chaque fois que nous abattons un arbre sans réelle nécessité, nous nous donnons un coup de hache à nous-mêmes. Nous devons changer notre regard, redevenir capables de nous émerveiller devant la beauté de l'arbre.

Quand on est venu ici, on a dû couper des arbres, un travail pénible et difficile. Avec un ami, nous avons décidé de nous entraider dans cette tâche, je l'aidais et il m'aidait, ce qui rendait le travail plus facile avec la grande scie.

Un jour, nous finissons tranquillement la journée et nous regardons le coucher de soleil, qui descend doucement, c'est rouge à l'horizon, il y a un panorama de couleurs arc-en-ciel. Il se trouve qu'il y avait un arbre en ombre chinoise dans ce coucher de soleil, et moi je regardais ça, admiratif, “que c'est beau", lui dis-je. Mon ami, qui rangeait les outils, s'approche de moi, me voit en extase, je veux lui faire partager cette beauté et lui me répond : "Oui, je pourrais bien en tirer cinq stères." Nous regardions le même arbre mais nous n'avions pas le même regard. »

2

Une enfance écartelée

Revenons à l'oasis et au petit garçon qui ne cesse d'y baguenauder et d'en admirer les merveilles. Si son cœur se met à battre dès qu'une caravane se profile à l'horizon, il aime aussi parler avec les jardiniers qui passent leur vie dans leurs jardins, il aime le murmure de l'eau dans les rigoles d'irrigation et les palmiers qu'il a appris, dès son plus jeune âge, à respecter comme on respecte les ancêtres.

Il peut passer des heures à regarder son père se battre avec le fer en projetant autour de lui des gerbes d'étincelles. Dès le matin, on entend dans l'oasis le battement du marteau sur l'enclume et le sifflement du fer rouge lorsqu'il est plongé dans l'eau. Il se sent bien dans son foyer où la seconde femme de son père et sa grand-mère remplacent sa mère disparue trop tôt. Il se souvient que sa grand-mère le prenait sur ses genoux pour lui raconter

« de longues histoires à épisodes ». Il joue avec ses cinq frères, va à la medersa, l'école coranique située dans la mosquée Sidi Bouziane. Le jour de sa circoncision sera pour lui un jour de fête. Sa vie semble toute tracée : il sera un homme de l'oasis.

Mais les temps se font durs, les produits manufacturés remplacent les ouvrages artisanaux. Souvent la forge reste éteinte. Pour le père, il devient difficile de nourrir une si grande famille.

Le destin se présente à l'oasis sous la forme d'un couple d'enseignants français. Ils n'ont pas d'enfants et, dès qu'ils aperçoivent le petit Pierre, ils se sentent attirés par cet enfant dont les yeux pétillent d'intelligence. S'il reste ici, disent-ils au père, il va avoir du mal à vivre, il sera pauvre. Eux pourraient lui assurer ce bien suprême qu'est à leurs yeux l'éducation. Plus tard, loin d'ici, il aura une bonne situation. Le père hésite. Il aime son fils mais il sait que l'éducation est la clé d'une vie nouvelle. La grand-mère proteste avec véhémence : cette éducation est l'éducation des Blancs, elle va faire de cet enfant un Roumi, un étranger et, peut-être, ce qui serait pire que tout, un chrétien.

Finalement, dans l'intérêt de l'enfant, le père dit oui à condition que les liens ne soient pas coupés avec l'enfant et qu'il puisse revenir à l'oasis pendant les vacances.

C'est alors que la vie de Pierre Rabhi devient une vie écartelée. Il n'est plus tout à fait indigène et pas tout à fait Français. Il va à l'école, dans la classe de sa nouvelle mère mais lorsqu'il revient à l'oasis avec ses culottes courtes et ses bretelles, ses copains d'hier tournent autour de lui en se moquant et en le traitant de « Lamtorni », c'est-à-dire de traître à sa religion et à son peuple. Même sa coupe de cheveux bien sage est ridicule à leurs yeux. Il se sent rejeté des siens alors qu'il n'est pas pleinement accepté par les enfants européens. Tout lui est étranger, la maison, les vêtements, la nourriture, l'école... Au moins n'est-il pas obligé de manger du porc. Son père l'a exigé et ses nouveaux parents ont promis. Même les coutumes les plus banales le désorientent : quand il était invité à l'oasis, la politesse exigeait qu'il laissât quelque chose dans son assiette pour montrer qu'il avait assez mangé. Chez les Blancs, c'est le contraire, il faut montrer à la maîtresse de maison qu'on a tout mangé parce qu'on a beaucoup aimé.

> « Quand je rotais à table dans ma famille d'adoption, se souvient-il, on me disait que j'étais mal élevé, alors qu'à l'oasis cela voulait dire que j'étais repu. Ce sont ces petites choses qui font vivre un enfant dans l'inconfort. »

Laissons-le raconter cette époque amère :

« Chez les Blancs, l'endoctrinement nous poussait à nous déprécier nous-mêmes, à déprécier notre propre culture. On nous considérait comme des attardés mais en même temps, il y avait un double racisme. À l'oasis, j'entendais ma grand-mère affirmer que les Blancs étaient des impies, qu'ils mangeaient du porc, buvaient du vin et menaient des vies de débauchés. Elle considérait que sa culture était la seule bonne et que les autres ne valaient rien.

Dans la première école française où je suis allé, il y avait beaucoup d'indigènes et un seul Juif. Ce pauvre garçon était constamment tourmenté et j'étais considéré comme un traître parce que j'étais le seul à prendre sa défense. Ce qui me fascinait chez cet enfant, c'était que, tous les jours, il amenait son goûter et que, tous les jours, les autres le lui prenaient. Il souffrait mais il y avait en lui une force extraordinaire.

Ensuite, j'ai vécu à Oran où ma mère dirigeait l'école. Là, parmi les "pieds noirs", il n'y avait que deux indigènes, Kader et moi. On me laissait tranquille parce que j'étais le fils de l'institutrice mais Kader était la tête de Turc, le souffre-douleur. Tous lui tombaient dessus, les Juifs aussi bien que les Européens. On se demande d'où vient cette cruauté.

Ces expériences m'ont fait beaucoup réfléchir, si bien que je ne me sens ni arabe, ni juif, ni européen. Je veux être ouvert à toutes les alliances, à toutes les convergences. »

Plus tard, toujours à Oran, il aura deux bons amis : un Français de France, comme on disait alors, un militaire, et un Juif avec lequel il rêvait tellement de partir vivre dans un kibboutz qu'ils prenaient des billets de loterie pour gagner l'argent du voyage. Son premier amour sera d'ailleurs un amour impossible puisqu'il s'agira d'une jeune fille juive.

Bien entendu, au fil des ans, sa famille adoptive prend de plus en plus de place. Entre l'oasis et Oran où ses parents s'installent au bout de quelques années, il y a 800 kilomètres, si bien qu'il n'y retourne plus guère. Il n'y retournera plus du tout lorsqu'il deviendra catholique.

> « Mon père était tolérant, explique-t-il, mais ma grand-mère m'aurait tué si elle avait appris que j'avais quitté l'islam.
>
> Je ne pouvais pas leur dire : voilà, je suis devenu chrétien ! J'aurais été totalement exclu de la communauté. Pas seulement par mes parents mais par tous. Déjà le fait de vivre chez des Européens rendait les relations difficiles. Alors vous imaginez… »

Pourquoi ce baptême ? Cela s'est fait tout seul, petit à petit. Sa mère adoptive était profondément chrétienne et il était bien évident qu'elle souhaitait cette conversion. Surtout, il y avait les livres. L'Évangile d'abord, qu'il a lu avec passion et qui l'a enthousiasmé de bout en bout. Ce message d'amour ne serait-il pas la solution à tous les problèmes qu'il a rencontrés ? Il n'avait que dix-huit ans à l'époque mais, déjà, il dévorait des livres de théologie, se passionnait pour Maritain, pour Bernanos et aussi pour Léon Bloy qu'il lisait, relisait et qu'il traite encore de « fou génial ».

Le voici baptisé. Il devient Pierre Rabhi. Il ne sera jamais pourtant un catholique ardent : « J'ai été choqué par l'inadéquation entre ce que proclamait le christianisme et le comportement des chrétiens. » Que ce soit à Oran ou, plus tard, à Paris, il ne se sent pas accueilli.

> « Dans le monde musulman, dit-il, on s'occupe des étrangers. Si on vous voit prier dans une mosquée et même si on ne vous a jamais vu, on vous invite à la maison. Je n'ai jamais découvert cette ouverture chez les chrétiens. »

Il chemine dans ce qu'il appelle « l'aventure chrétienne ». Plus il va et plus il prend conscience du fait que les chrétiens, au moins la plupart d'entre eux, ne vivent pas le message christique dans sa bouleversante profondeur.

> « Je pensais que l'Église aurait dû prendre des positions fortes et ne pas se laisser aller à la démagogie. J'ai même découvert qu'au sein de l'Église il y avait des êtres extraordinaires qui auraient pu la faire évoluer mais qu'ils ont été freinés et même

expulsés. Je ne voyais pas comment je pouvais appartenir à une telle communauté. »

Aujourd'hui qu'est venu pour lui le temps de la sérénité, il affirme : « Je n'ai jamais été aussi spirituel que depuis que je n'ai plus de religion. »

La guerre d'Algérie, les événements comme on disait alors, a fondu sur lui comme un cyclone. Lui qui était déjà écartelé entre deux existences, entre deux civilisations, voici que sa situation devient insupportable. Être indigène et Français à l'heure où les haines se déchaînent… comment vivre un tel drame ? « Cette guerre, dit-il, je l'ai vécue comme un spectateur endolori, mais pas plus. Comme tout le monde. » Il se sent planqué, il voudrait agir, s'engager pour soulager les souffrances des uns comme des autres mais il ne sait comment s'y prendre. Il voudrait au moins faire partie de ceux qui soignent, devenir un auxiliaire d'infirmerie mais on ne veut pas de lui. « De toute façon, dit-il, je ne me voyais pas avec un fusil. »

À la maison, l'atmosphère devient irrespirable. Son père est 100 % partisan du général de Gaulle et subit même les menaces de l'OAS. Il est violemment perturbé, exaspéré, si bien qu'un soir l'incident éclate sous un prétexte banal. Le maréchal Juin vient de prononcer une allocution à la radio. Pierre a le malheur de dire : « Pour un maréchal, je pense qu'il devrait avoir une voix plus virile. » Il n'en faut pas plus, dans l'exaspération ambiante, pour que son père entre en fureur et lui donne vingt-quatre heures pour quitter la maison. Ils se retrouveront plus tard, bien plus tard mais, pour l'instant, la rupture semble définitive.

Voici Pierre Rabhi à la rue. « Je suis devenu un orphelin intégral », s'écrie-t-il. Son premier refuge, il le trouve sous le hangar d'un marchand ambulant de bonbons. Il lui faut dormir au milieu des cartons. Un peu plus tard, il finit par trouver un travail d'employé de banque mais, très vite, il se sent obligé de donner sa démission.

> « Malgré ma bonne volonté, écrira-t-il, je me suis tout de suite rendu compte que ce travail n'était pas pour moi, qu'il ne correspondait pas à mon caractère. Je me suis senti pétri par des mains plaquées or, modelé, purgé de tous mes acquis antérieurs. Je ne parvenais pas à laisser la place libre aux concepts relatifs à la finance. »

Lorsqu'on le connaît, lorsqu'on connaît la vie qu'il a menée et celle qu'il mène encore aujourd'hui, on se rend compte qu'il n'était vraiment pas fait pour être banquier.

> « Tout de même, dit-il, ce séjour à la banque a été pour moi un temps d'observation très important. J'ai mieux compris le comportement des hommes vis-à-vis de l'argent. »

Pendant ce temps, les événements se font de jour en jour plus terribles. Des bruits ne cessent de courir, annonciateurs de catastrophes. On dit qu'il ne faut plus attendre parce que, bientôt, il ne sera plus possible de quitter l'Algérie. Avec son dernier salaire, Pierre parvient à s'offrir une place sur le *Clemenceau*. C'est à Paris qu'il veut aller, la ville de tous les mirages.

3
Paris

Voici donc l'enfant du désert seul au cœur de la grande ville. Il doit avant tout trouver du travail, très vite car il n'a presque plus d'argent. C'est d'autant plus difficile qu'il n'a pas la moindre formation. Il lui faut démarrer au bas de l'échelle.

Le bas de l'échelle se présente sous la forme d'un emploi d'OS dans la banlieue. Il est magasinier, se plie tant bien que mal aux cadences du travail mais il n'arrête pas de se poser des questions : est-il vraiment sage de travailler ainsi, de donner tout son temps pour un très faible salaire qui lui permet tout juste de payer sa nourriture, ses transports et sa chambre ? À la fin du mois, malgré des prodiges d'économie, il ne lui reste rien. Il lui faut chaque fois repartir de zéro.

Heureusement, il résiste à la routine, à l'abrutissement et sa tête travaille autant que ses mains.

Cette entreprise qu'il découvre, il l'analyse avec une extraordinaire lucidité. Écoutons-le revivre devant nous cette expérience si durement acquise :

« L'entreprise me paraissait être l'un des lieux symboliques et représentatifs de la modernité. À partir de ce microcosme, je voulais essayer de comprendre et j'ai été tout de suite frappé par le fait que c'était une entreprise pyramidale avec à sa tête des gens importants, des décideurs. Cette hiérarchie était fondée sur le savoir et le pouvoir. Elle était en fait un outil d'oppression. Cette pyramide ambiguë m'a posé beaucoup de questions par rapport aux proclamations d'égalité et de fraternité. J'ai voulu aller plus loin, étudier les théories américaines du progrès, de la notion de croissance et de profit ininterrompus. J'ai pris conscience de l'aliénation qu'il me fallait vivre au cœur de ce système. Il me fallait renier totalement ma vie pour avoir simplement le droit de percevoir un salaire, pour exister tout simplement.

Je me trouvais dans un monde où l'effort collectif était inégalement partagé et cela dans des proportions incroyables. Je regardais mes camarades et je ne pouvais pas croire qu'ils puissent accepter des travaux aussi insalubres, aussi dangereux pour leur santé alors qu'ils étaient si peu payés et si peu reconnus. Ils créaient des richesses dont seuls quelques-uns pouvaient profiter au maximum.

J'étais d'autant plus conscient de cela que j'avais connu une autre vie, totalement différente avec de fortes valeurs. J'avais toujours été sensible à l'humanisme, c'est-à-dire à la valeur de l'être humain. Moi qui étais tout au bas de l'échelle, j'avais le sentiment qu'aux yeux des puissants la valeur de l'homme n'était pas reconnue mais au contraire que l'homme était aliéné, ramené à des fonctions élémentaires sans aucune espèce de créativité.

J'avais besoin d'un minimum d'argent comme tout le monde mais ce n'était pas mon moteur. C'était une nécessité, point final. Je n'étais pas prêt à faire n'importe quoi pour en avoir. Je voyais autour de moi des situations invraisemblables, des couples qui trouvaient difficilement le moyen de se voir parce que l'un travaillait la nuit et l'autre dans la journée. Je voyais des femmes qui devaient courir sans cesse pour travailler, faire les courses, placer leurs enfants dans des garderies et revenir les chercher… Où était la vie là-dedans ? Elle était faite de conditions indignes de la condition humaine.

Je repensais souvent à l'oasis, j'en avais la nostalgie. Je ne me croyais pas mieux loti que si j'étais resté dans mon désert. Bien au contraire. Les hommes que j'avais connus là-bas étaient pauvres mais je l'étais aussi. Au moins n'étaient-ils pas déshumanisés comme l'étaient ceux qui m'entouraient dans l'entreprise.

À cette époque, je me repaissais de Léon Bloy. Il était brutal comme tout bon pamphlétaire, il poussait des cris de douleur qui me touchaient au cœur. Avec l'outrance du langage qui lui était propre mais avec aussi une intuition, un génie profond et un talent incroyable. Peu de gens ont compris Léon Bloy. Ils ne voient en lui que le pamphlétaire alors qu'il s'agit d'un génie authentique. Son *Exégèse des lieux communs* est extraordinaire. Cet homme-là a été parmi les hommes qui m'ont ouvert à la nécessité de l'espace spirituel. J'ai aussi beaucoup lu Bernanos et j'ai été séduit par son talent mais aussi parce qu'il mettait en cause le progrès dans notre monde soi-disant moderne.

À cette époque, malgré la fatigue, je trouvais le moyen de lire énormément Daniélou, Teilhard de Chardin et bien d'autres. J'assistais à des cours publics de philosophie. En tant qu'autodidacte, je recherchais les réponses fondamentales que la société, telle qu'elle était, semblait absolument incapable de me donner.

Je voulais être au service des autres, de tous ces "aliénés" qui vivaient autour de moi sans prendre conscience de leur aliénation. Cela ne datait pas d'hier. Déjà, alors que je n'avais que quatorze ans, j'avais écrit à Albert Schweitzer à Lambaréné pour lui proposer mes services. J'étais naïf alors car je n'avais pas, bien entendu, la moindre compétence à lui offrir. Il m'a répondu qu'il avait surtout besoin d'infirmiers et que je pourrais lui faire signe dès que j'aurais une formation de ce type. »

En attendant, l'ouvrier spécialisé Pierre Rabhi souffre. Il vit dans l'inconfort psychologique et spirituel, il ne sait pas où il en est, ce qu'il doit faire. Par-dessus tout, il vit dans une grande solitude. Il a le sentiment que, s'il continue sur ce chemin, il risque de se perdre. « La souffrance, dit-il, cela aiguise ou cela émousse. » Il ne veut pas se laisser émousser et, comme tant d'autres, devenir aigri. Un temps, il est tenté par la violence car il se sent trahi par le monde qui l'entoure.

Et voici qu'un rayon de soleil vient soudain illuminer cette grisaille. Elle s'appelle Michèle, elle travaille aux côtés de sa mère dans la même entreprise que lui mais dans les étages supérieurs, dans les bureaux. Elle est douce et il y a dans ses yeux une profondeur qui l'attire et le fait rêver. Elle a accepté de revivre avec nous cette période de sa vie :

> « Je suis, nous a-t-elle dit, issue d'un milieu extrêmement modeste où il y avait peu de vie intellectuelle ou même spirituelle. Il y avait déjà chez moi une aspiration vers plus d'idéal, plus de beauté et, quand j'ai rencontré Pierre, j'ai tout de suite senti en lui une ouverture.
>
> Je travaillais dans les bureaux de l'entreprise et j'étais privilégiée car je n'étais pas débordée de travail. Ma mère et moi, nous n'avons toujours connu que des petits logements. Nous vivions dans une seule pièce avec une cuisine minuscule. Il y avait des rats dont nous ne parvenions pas à nous débarrasser. Il y avait si peu de place que je partageais le lit de ma mère, ce qui est devenu difficile lorsque je suis devenue une jeune fille.
>
> J'ai passé mon brevet, et je suis entrée au cours Pigier pour y apprendre le secrétariat. Les études m'ont permis de supporter ces conditions de vie extrêmement difficiles. Mes professeurs étaient pour

moi de grands personnages. Je pense tout particulièrement à mon prof de français et aussi à celui de sciences. Il y a une femme qui m'a initiée à la musique classique et, voyant à quel point j'étais passionnée, elle m'a offert un tourne-disque. Cet amour de la musique m'a suivie toute ma vie.

Quand j'ai rencontré Pierre, nous avons tout de suite partagé notre amour de la musique classique. Et nous nous sommes passionnés ensemble pour la réflexion philosophique. »

Nous sommes en 1959. Aux yeux de Michèle, Pierre est un poète, un penseur et même, selon ses propres mots, un « génie de l'écriture ». Ils s'aiment et ce sera pour toujours, même si, comme tous les couples, ils ne seront pas à l'abri des conflits et des menaces de rupture.

Très vite, ils décident de se marier mais très vite aussi, ils se trouvent d'accord sur le fait qu'il ne leur sera pas possible de mettre des enfants au monde dans le milieu où ils vivent et qu'ils détestent autant l'un que l'autre. Au plus profond d'eux-mêmes, ils savent qu'il leur serait trop difficile de rendre des enfants heureux dans les murs gris de la banlieue, au milieu du fracas de la ville et de son agitation.

Ils rêvent avant tout de calme et de beauté et ils sont prêts à tous les sacrifices pour les obtenir. Ce n'est pas en eux un simple désir comme il arrive aux citadins d'en avoir mais une impérieuse nécessité.

Le problème est qu'ils n'ont pas le moindre sou devant eux pour réaliser leur rêve et qu'un enfant doit bientôt naître. C'est d'autant plus difficile que ceux à qui ils parlent de leur projet de fuir la ville font tout pour les décourager. Mais ils ont la chance de travailler l'un et l'autre, ils vont pouvoir mettre un peu d'argent de côté, vivre un petit bonheur. Il est magasinier, bien sûr, c'est-à-dire au bas de l'échelle mais avec un peu d'obstination, il va pouvoir grimper. Pourquoi se laisser aller à des idées folles ? Même leurs meilleurs amis, leurs familiers ne comprennent rien à cette exigence qui bouillonne en eux. À quoi bon rêver, croire à l'impossible ?

Ils sont chrétiens, lui avec une ardeur certaine, elle un peu plus calme. Il leur arrive de faire des retraites de deux ou trois jours.

Un jour, ils s'ouvrent de leur projet au prédicateur de la retraite, qui est professeur à l'Institut catholique de Paris. Pour une fois, ils trouvent une oreille attentive. « Je connais, leur dit le prêtre, deux hommes qui pourraient peut-être vous aider. Ils sont tous les deux dans l'Ardèche. L'un est sériculteur et l'autre médecin de campagne. Ils seront sûrement sensibles à votre démarche. »

C'est le miracle qu'ils attendaient, un vrai miracle car, dès leur première rencontre avec le docteur Pierre Richard naît une amitié immédiate et chaleureuse. Il les comprend et il les aime.

Quel être extraordinaire que ce docteur Richard ! Il a fait de brillantes études, il aurait pu les poursuivre, devenir un grand patron mais non, il a choisi d'exercer dans un des coins les plus perdus de la France, en plein cœur de l'Ardèche, ce pays de pierrailles qui se vide de ses habitants. Il a servi de modèle à Soubeyran pour *Journal d'un médecin de campagne* qui a connu un grand succès. Cela ne le trouble pas. Il continue à aller de ferme en ferme sur des routes cahotantes à bord de sa vieille 2 CV bringuebalante. Bien avant que l'écologie ne soit à la mode, il était, selon l'expression de Pierre Rabhi, « un écologiste très convaincu », toujours prêt à s'engager pour sauver ce qui pouvait l'être encore dans cette région en voie de désertification.

Il les invite à aller le voir et même il organise leur mariage dans un décor de rêve, une église du XIVe siècle perdue dans la montagne, sous le regard d'une Vierge qui attire les pèlerins depuis le Moyen Âge. Un beau mariage, très émouvant avec pour seule ombre le fait qu'il n'est pas vraiment approuvé par la famille et surtout par la mère de Michèle.

Malgré tout ils sont heureux. Ils partagent les mêmes valeurs et aspirent tous les deux à une vie simple au sein d'une nature préservée. Ils lisent les mêmes livres et ils progressent ensemble sur le même chemin spirituel.

Il est passionnant de voir où ils en sont au moment où leur vie prend ce virage spectaculaire. Ils sont d'accord pour affirmer que le plus important à leurs yeux est l'ouverture de la conscience. Ils le pensaient le jour de leur mariage et ils le pensent encore aujourd'hui, plus de quarante ans après. Ils aiment revenir sur ce qui les a fait vivre au cours de toutes ces années.

Lorsque nous demandons à Pierre Rabhi de nous parler de sa vision de Dieu, il hésite un moment.

« Je me suis toujours intéressé aux religions, affirme-t-il, et ce n'est pas étonnant. N'oubliez pas que j'ai été musulman et chrétien. J'ai lu et approfondi la Bible, le Coran et aussi le Talmud. Ensuite, j'ai très vite compris qu'il y avait des quiproquos à propos de ces religions. Ces quiproquos, je les ai durement ressentis dans les conflits entre musulmans, juifs et chrétiens. Regardez ce qui se passe à Jérusalem. C'est une guerre de religions, il faut bien le reconnaître et elle est fondée sur des malentendus. Voilà pourquoi j'ai du mal à prononcer même le nom de Dieu. J'y vois un anthropomorphisme que je refuse absolument. J'ai écrit un jour dans un de mes livres cette étrange prière : *Ô Dieu ! Si tu n'existes pas, dis-le-nous.*

J'ai toujours beaucoup aimé Maître Eckhart parce qu'il nous ramène toujours à l'indicible. Car il n'y a rien à dire de Dieu. Il suffit de vivre le quotidien, de ressentir en faisant confiance à l'intuition. Être religieux, c'est être relié. Rien d'autre.

J'entends toujours parler de miracles mais, pour moi, le miracle est quotidien. Si je mets une graine dans la terre, elle grandit, elle donne une plante ou un arbre. Dans un grain de blé, il y a en puissance de quoi nourrir toute la terre. C'est cela le miracle, le surnaturel. Nous sommes tous capables de surnaturel et, personnellement, je n'ai pas besoin d'autre preuve de l'existence de Dieu. Tout est miracle, nous baignons dans le miracle. L'éternité est dans l'instant présent. C'est cela ma religion. En fait, j'ai envie de dire que Dieu est la Vie qui fait pousser l'herbe et grandir l'arbre.

Ce qu'il nous faut, c'est un regard pour voir et vivre cela. Car si nous ne prêtons pas attention à ce miracle permanent qu'est la Vie, nous devenons des profanateurs.

Les rituels, les dogmes, les institutions ne m'intéressent plus. Je trouve même suspect que, de nos jours, on parle tellement de spiritualité. C'est comme si nous n'étions pas sûrs de ce que nous affirmons, comme si nous avions besoin de nous rassurer. Si nous avions vraiment une certitude profonde, nous ne parlerions pas tant. Nous serions dans la Vie et c'est tout.

Il m'est arrivé une drôle de chose. Il y a plus de vingt ans, j'ai connu une période où il me fallait lire, lire, lire. Je me trouvais dans une sorte de labyrinthe dont je croyais pouvoir sortir à force de lectures, en brassant des idées. Un jour que j'étais dans le métro avec une jeune fille qui venait ici, je me suis aperçu que je n'avais rien à lire. J'en ai été affolé.

C'était terrifiant. J'ai demandé à la jeune fille si elle n'avait pas un livre à me prêter et elle m'a tendu *Se libérer du connu* de Krishnamurti, un auteur spirituel dont je n'avais jamais entendu parler.

Au début, j'ai eu un peu de mal car il y a chez Krishnamurti une rigueur à laquelle il faut s'habituer. Je me suis accroché et, finalement, *Se libérer du connu* est le premier livre qui m'ait sorti de mon marasme. J'ai lu par la suite tous les livres de Krishnamurti qui me sont tombés sous la main et quand je parle de lire, ce n'est pas assez car il faut aussi travailler son enseignement, comprendre cette pédagogie de retour à soi-même, de vigilance… Il est allé jusque dans les sentiments humains les plus subtils et cela m'a ouvert un nouvel horizon, m'a donné un regain d'énergie, un affranchissement, une libération de tous les fardeaux du passé. C'était comme si, après une longue marche, je déposais enfin mon sac à dos. Et hop ! J'étais vraiment libre.

J'ai beaucoup lu et je n'ai jamais trouvé quelqu'un qui ait une connaissance aussi pénétrante des pièges de la pensée. Et puis j'aime en Krishnamurti cette façon qu'il avait de ne pas jouer au gourou, de ne pas porter la robe safran traditionnelle mais de s'habiller comme tout le monde. Pour moi, il est l'homme de la maïeutique, comme Socrate. La maïeutique, c'est-à-dire l'espace que l'on donne à l'autre. Il n'était pas un doctrinaire, il n'offrait pas de réponses toutes faites, de prêt à penser.

J'ai longtemps eu un problème avec le temps. Car le temps est souffrance. Nous sommes toujours en train de nous projeter dans le passé ou dans le futur. C'est de là que vient la douleur et cette douleur disparaîtrait si nous savions vivre toujours dans le présent. Car le présent est un moment d'éternité. Le Christ a dit : "À chaque jour suffit sa peine" et c'est essentiel. Krishnamurti a beaucoup travaillé là-dessus. Il m'a aidé à comprendre que je traînais derrière moi des vieilleries, des choses mortes qui m'empêchaient de vivre. Avant, j'étais tout le temps lesté par des choses qui me ramenaient toujours dans cette pesanteur d'un passé douloureux. C'est grâce à Krishnamurti que je suis parvenu à me libérer de ce passé pour devenir vraiment disponible.

Toutes ces souffrances que j'ai vécues, j'ai pu enfin les intégrer en même temps que tous les bonheurs. La souffrance et la joie ne sont plus séparées. Elles font partie de mon patrimoine. Rien n'a été perdu. Il n'y a plus dualité. Car le problème de l'être humain, même s'il ne le sait pas, c'est de retrouver l'unité et, pour cela, se libérer du passé, du connu. Sinon, ces conditionnements nous suivent.

Je vais vous donner un exemple qui est caricatural. Il y a quelques années, les gens de la région ont décidé de commémorer la révocation de l'édit de Nantes. Ils ont organisé un *son et lumières.* N'oublions pas que nous sommes dans un fief protestant et donc dans un lieu qui a été longtemps un lieu de confrontation entre catholiques et protestants. Les gens se sont habillés en costumes d'époque et, suivant le scénario, un prêcheur catholique est venu haranguer la foule. Un pasteur lui a répondu et les deux hommes, au lieu de continuer à jouer la comédie, se sont pris au jeu, se sont mis à discuter avec tellement de conviction que les choses ont failli mal tourner. J'ai compris que nous venions d'assister, si longtemps après, à une résurgence de la conscience cellulaire. C'était impressionnant et c'était une preuve qu'il y avait là un processus psychique qui, malgré les siècles, n'était pas encore évacué. Il y a ainsi des contentieux sournois et souvent inconscients qui reposent dans l'âme humaine.

Voilà bien pourquoi je me refuse maintenant à me situer dans des institutions. J'ai besoin d'être au-delà et si j'en juge par ce que je vois ici ou là, je pense que je ne suis pas le seul.

Au cours des lectures dont je parlais tout à l'heure, j'ai été très impressionné par la vision de Teilhard de Chardin. Je pense que ce qu'il appelait la noosphère est en train de prendre vie sous nos yeux, une sphère de conscience qui se déploie autour de notre planète, une espèce de maillage de plus en plus serré autour de la Terre. La pensée s'universalise et c'est sans doute pour cela que nous voyons naître une forme nouvelle de spiritualité. Relisez le dialogue entre Krishnamurti et David Bohm. Les scientifiques eux-mêmes, au moins les plus intelligents d'entre eux, commencent à comprendre qu'ils ne pourront jamais tout expliquer et qu'il leur faut s'ouvrir à de nouveaux espaces qui sont des espaces de mystère. Il y a une espèce d'alchimie qui est en train de se faire et il est incontestable qu'elle a une dimension spirituelle.

Nous ne devons cependant pas tomber dans l'angélisme car il y a aussi des évolutions qui sont contraires à cette radieuse vision. Je pense, par exemple, à la mondialisation. Le pire dans la mondialisation ne se situe pas au niveau des échanges mais dans le fait qu'il y a des puissances capables de manipuler la planète tout entière. Par exemple les puissances de communication qui véhiculent des formes d'idéologie auxquelles il est difficile de résister, surtout quand on est jeune. Voyez avec quelle frénésie de nombreux jeunes s'adonnent à la consommation. Je pense à un ami qui a voulu acheter des chaussures à son fils, de très belles chaussures d'artisan. Le fils a été catégorique : "Je veux, a-t-il dit, des Adidas ou rien du tout." Il n'y avait pas à discuter. La publicité et la mode étaient passées par là. Ils sont des millions, dans nos sociétés, les jeunes qui sont subjugués par de telles illusions.

Voilà pourquoi il est si important d'aider le monde à prendre conscience des pièges qui lui sont tendus. Il m'arrive d'en parler à des êtres qui se disent engagés sur un chemin spirituel. Je leur demande d'être attentifs au monde. Il ne suffit pas de s'engager aux côtés d'un maître spirituel et de considérer qu'on fait, par ce fait même, partie d'une élite. Il faut aussi rester incarné. C'est bien de réciter des *mantras* mais ce n'est pas suffisant. Il faut aussi s'engager dans des actions pour transformer le monde. »

Transformer le monde… Au lendemain de leur mariage, Pierre et Michèle ne vont guère avoir le temps d'y penser car la période qui s'ouvre devant eux sera d'une telle rudesse qu'ils devront, pour survivre, mobiliser toutes leurs énergies. Quitter la ville pour la campagne, c'est un beau rêve mais il faut, du jour au lendemain, faire face à des problèmes qui semblent très vite insurmontables. Car ils sont partis sans un sou. Avec leurs petits salaires, il leur aurait fallu attendre des années pour économiser de quoi acheter la plus petite ferme.

Ils s'adressent au Crédit Agricole, présentent un projet mais s'entendent répondre que, pour obtenir un prêt, l'un d'eux doit posséder un diplôme d'agriculture. Cela veut dire que Pierre doit au moins en apprendre le B.A.-ba et que, pendant ce temps, Michèle doit travailler. On lui offre une place à Saint-Étienne. Les voilà séparés ce qui, pour eux, est une grande souffrance.

Pierre entre dans une maison familiale rurale pour obtenir son diplôme. Ainsi, pour pratiquer l'agriculture et survivre, il va devenir ouvrier agricole. À peine a-t-il commencé ses études que son rêve se brise. Il avait imaginé une vie de calme et de beauté dans une nature accueillante. Il se souvenait avec nostalgie des paysans de l'oasis qui passaient leur vie dans leur jardin, en harmonie avec leur terre. Il savait qu'il lui faudrait travailler dur mais dans le respect de celle qu'il appelait déjà « Notre Mère la Terre ».

Ce qu'il découvre dans son école le plonge dans la détresse et la révolte. On lui demande d'abord de s'occuper des arbres fruitiers et il comprend avec stupeur qu'il lui faut pour cela utiliser des substances chimiques extrêmement toxiques. Il n'y a pas moyen de procéder autrement. Comme à l'usine, il retrouve la standardisation, le besoin de produire toujours plus à des prix de plus en plus compétitifs. « On avait, dit-il, transposé la vision urbaine et industrielle dans le monde rural. » Déjà, il commence à se demander s'il n'y aurait pas moyen de faire autrement, de pratiquer une agriculture respectueuse de la nature, cela d'autant plus que les méthodes qu'il lui faut apprendre se révèlent extrêmement brutales. Devra-t-il empoisonner la terre, la brutaliser avec des machines de plus en plus puissantes ? Il en parle à son ami le docteur Richard, qui lui raconte alors l'histoire suivante.

Passionné d'écologie, un homme avait écrit un jour un article très documenté dans lequel il mettait en cause les produits d'une firme chimique connue. Il avait écrit entre autres : « Vous proposez aux agriculteurs des produits d'une grande toxicité sans les mettre en garde contre le danger qu'ils représentent pour leur santé. » La firme avait attaqué l'auteur de l'article en justice. Cité comme témoin, le docteur Richard était arrivé avec un dossier très précis. Il citait des faits qu'il avait pu contrôler : « M. Untel est mort après avoir épandu ce produit, Mme Unetelle est restée paralysée, d'autres ont eu telles ou telles séquelles. » Ses arguments avaient été si impressionnants que l'auteur de l'article avait été immédiatement acquitté. Ce qui n'avait pas empêché la firme de continuer à vendre le produit incriminé en ajoutant simplement une mise en garde en petits caractères sur la notice.

Pierre Rabhi n'a pas les yeux dans sa poche. Il constate que les firmes chimiques se livrent auprès des agriculteurs à un marketing intensif qui tient de l'endoctrinement. Il étudie leur stratégie commerciale. Il assiste à des séances au cours desquelles des ingénieurs très titrés projettent des films vantant des produits capables d'assurer une productivité de plus en plus forte. Oui, vraiment, pense-t-il, l'agriculture est en train de perdre ses racines pour devenir une industrie comme les autres. Il ne veut à aucun prix entrer dans ce système qu'il considère comme pervers.

> « En conscience, dit-il, ce n'était pas possible. Je me suis dit que si l'agriculture, c'était cela, alors je ne ferais pas d'agriculture. »

Il constate aussi que les campagnes sont en train de se dépeupler à un rythme de plus en plus accéléré.

« Depuis un siècle, dit-il, l'industrie a eu besoin d'une main-d'œuvre abondante et bon marché. Elle a drainé les populations rurales et a imposé aux agriculteurs restants des engrais chimiques, des pesticides, des semences sélectionnées et de la mécanique. Au fur et à mesure qu'on perfectionnait à la fois la chimie et la mécanique, un seul paysan pouvait nourrir six, dix, vingt, trente personnes et ainsi de suite. Des milliers de fermes ont ainsi disparu et continuent de disparaître pour faire place à des unités de plus en plus importantes qui n'ont plus pour seul but que de produire des matières premières destinées à l'industrie. C'est ainsi que l'industrie gagne sur les deux tableaux. Il y a confusion entre deux logiques, celle du minéral et celle de la vie. Autrement dit, on a voulu appliquer la logique de la matière morte à la matière vivante. C'est de cette confusion qu'est né tout le mal. »

Son rêve en miettes, Pierre Rabhi est d'abord tenté de désespérer. Sa conscience se rebiffe, il a le sentiment de s'être engagé dans une aventure truquée.

« Dès le début, raconte-t-il, ma réaction a été intuitive. Je me suis dit que je ne pouvais absolument pas m'engager dans cette voie. Plus j'allais et plus j'en étais persuadé. J'en parlais souvent avec notre ami le docteur Pierre Richard et c'est lui qui m'a fait découvrir le livre qui a tout changé. C'était un petit livre appelé *Fécondité de la terre*. Il était signé par un certain Pfeiffer et il portait en première page la photographie de Rudolf Steiner, un nom qui, alors, ne me disait rien du tout. J'ai dévoré ce livre et, de page en page, j'ai senti monter mon enthousiasme. Je me disais : C'est formidable ! Je ne suis donc pas le seul à avoir ce pressentiment ! Pfeiffer développait les principes de ce qu'il appelait la biodynamique et tout ce qu'il disait était basé sur une expérience faite sur six cents hectares aux États-Unis.

Ainsi c'était vrai, on pouvait cultiver la terre autrement, sans faire appel à tous ces produits chimiques dont je savais, par intuition, qu'ils étaient dangereux. On pouvait cultiver la vie au lieu de cultiver la mort. »

Voici donc Pierre Rabhi lancé sur la voie d'une recherche qu'il ne va cesser d'approfondir. Oui, la nature est notre mère et nous n'avons pas le droit de l'empoisonner. Les animaux sont des êtres vivants dignes de respect et d'amour et non simplement des kilos de viande à débiter. Il le sait maintenant, il a trouvé sa voie.

Encore lui faut-il trouver un lieu où s'établir et où appliquer ce qu'il vient d'apprendre.

À peine a-t-il passé son diplôme qu'il retourne au Crédit Agricole pour solliciter un prêt. Les banquiers s'interrogent. Ils aimeraient mieux lui prêter davantage et le voir acheter une grosse ferme qu'il pourrait cultiver selon les techniques modernes, une entreprise avec laquelle il pourrait faire du rendement. Lui, ce qu'il veut, c'est une petite ferme, quelques hectares d'une terre ingrate pour prouver qu'une famille peut vivre et bien vivre sur une petite surface.

Voici donc Pierre et Michèle à la recherche de la ferme de leurs rêves. Ils n'ont que l'embarras du choix dans cette Ardèche qui est en train de se dépeupler au point de devenir un désert.

Ils trouvent enfin car ils savent exactement ce qu'ils veulent : une ferme à l'abandon, sans eau ni électricité. En arrivant, ils ont le sentiment de se trouver au bout du monde mais ils sont enthousiasmés par la vue, par ces fameux dix-sept clochers qu'on peut apercevoir les jours de beau temps. On leur signale bien que dans la classification des exploitations agricoles, cette ferme de Montchamp figure parmi les exploitations bas de gamme. Elle ne comporte en effet que cinq hectares de mauvaises terres caillouteuses.

> « Vous ne pouvez pas vous installer là, leur disent ceux qui savent. Jamais vous ne pourrez vivre sur une aussi petite superficie de terres ingrates. Vous allez à la catastrophe ! »

Ils s'obstinent en dépit de tout et de tous. À peine a-t-elle vu la ferme que Michèle a eu le coup de foudre. Elle a senti avec une absolue certitude que ce lieu lui était destiné.

« La maison était en très mauvais état, se souvient-elle, et autour, il n'y avait que des cailloux mais pour nous, c'était l'euphorie, l'utopie. J'ai tout de suite compris que j'avais trouvé mon biotype. J'ai toujours été heureuse de vivre ici et j'en rends grâce tous les jours de ma vie. »

Elle ne regrette rien et pourtant, les premières années, leur vie a été d'une incroyable rudesse. Il leur a fallu tout faire à la fois, retaper la maison, remettre les terres en culture en enlevant des tonnes de cailloux, rembourser l'emprunt, mettre sur pied un troupeau de chèvres… tout cela avec un minimum d'argent. Il leur a fallu vivre pendant treize ans sans électricité et huit avec très peu d'eau.

Au départ, en plus de toutes ses activités et de ses enfants, Michèle doit aller aux Vans, à une quinzaine de kilomètres, pour donner des cours dans une école de secrétariat. Pierre travaille de longues heures sur la ferme et, pour gagner de l'argent en attendant que celle-ci commence à rapporter, il trouve le moyen d'aller travailler chez les voisins comme ouvrier agricole, de faire de la sculpture sur bois et sur métal, de fabriquer des meubles… Il lui arrive souvent de remercier son père, le forgeron, de lui avoir donné ces mains en or car il sait vraiment tout faire, travailler le bois, le fer, la terre, s'occuper du verger…

« Autour de nous, se souvient-il, les gens se demandaient pourquoi nous avions choisi un lieu si misérable. «

Il ne se donne pas la peine de le leur expliquer, il sait qu'ils ne comprendraient pas mais, tout comme Michèle, il a le sentiment d'avoir trouvé son lieu.

« Ce n'était pas cher, dit-il, nous avons payé la ferme 15 000 francs mais nous avons tout de même eu du mal à rembourser. Ce qui comptait pour nous, c'était d'avoir trouvé notre lieu de vie. Il y avait la dimension spirituelle, la dimension de la Beauté.

À l'époque, les gens bradaient, on pouvait avoir des maisons pour presque rien. Personne ne croyait au futur de cette région et puis il y avait eu l'énorme gel de 1956, les vignobles et les oliviers avaient été détruits et peu nombreux étaient ceux qui avaient le courage ou les moyens de tout recommencer. Ils pensaient que c'était la fin et ils allaient jusqu'à démonter les toitures pour ne plus payer d'impôts. »

Pour le moment, ils ont juste deux pièces à peu près habitables, ils s'éclairent à la bougie ou avec des lampes à pétrole, ils doivent aller chercher l'eau au puits et Michèle qui, entre-temps, a eu un second enfant, se souvient encore des innombrables couches qu'elle a dû laver dans l'eau glacée.

Cependant, Montchamp s'humanise et la ferme commence à vivre. Au prix d'un dur labeur, bien sûr, car la terre est rocailleuse, argilo-calcaire avec, explique Pierre Rabhi, « un substrat rocheux très fissuré qui ne retient pas l'eau ». Ah ! ce problème de l'eau ! Aujourd'hui, quand on arrive, la première chose qu'on aperçoit, c'est une grande citerne ronde pleine à ras bord mais alors, il n'y avait rien. Il fallait se débrouiller comme on pouvait et espérer la pluie.

Dans ces conditions, il n'était pas question de s'attendre à des récoltes abondantes. Après avoir bien tout examiné, Pierre et Michèle s'accordent sur le fait que le meilleur moyen de mettre ces terres en valeur est d'élever un troupeau de chèvres, qui va devenir l'activité principale de Michèle. Encore faut-il aménager des locaux pour les bêtes, créer une fromagerie, faire sa place sur les marchés des environs. Oui, vraiment, en dehors du jardin potager cultivé avec amour et du verger, ce sont les chèvres qui vont permettre aux Rabhi de s'en tirer.

Autour d'eux, on les regarde vivre, on leur donne des conseils : jamais, leur dit-on, ils ne s'en tireront avec une aussi petite surface, mieux vaudrait pour eux s'endetter encore pour acheter les terres qui sont à vendre à proximité. Ils ne sont pas de cet avis. Ce qu'ils veulent pour l'instant, c'est trouver ce qu'ils appellent un « optimum » à ne pas dépasser. Ils savent que, lorsqu'on charge un bateau, il arrive un moment où, si l'on ajoute un kilo au chargement, il va chavirer.

« Pour nous, explique Pierre Rabhi, l'optimum, c'était de pouvoir maîtriser la situation par nous-mêmes et le plus artisanalement possible. Nous ne voulions pas que notre vie ne soit faite que de labeur. Nous voulions avoir le loisir de penser à autre chose, de prendre le temps de nous occuper de nos enfants, de faire de la musique, etc. Le temps de vivre.

Nous avons toujours été persuadés qu'il est bon d'avoir plusieurs activités, l'une fondamentale avec plusieurs autres autour. Nous avons tout de suite compris que nous devions être avant tout capables de nous nourrir nous-mêmes. Donc il nous a fallu un jardin et un verger. La terre était aride, nous avons dû la défricher, l'enrichir, planter des arbres. Nous avons eu ainsi, très vite, nos légumes, nos céréales et nos fruits, de quoi assurer à notre famille une nourriture aussi saine et aussi abondante que possible. Vous me direz que ce n'est pas rentable et qu'il aurait été plus raisonnable de travailler ailleurs, d'avoir deux salaires assurés et d'acheter notre nourriture dans les supermarchés. C'est vrai du point de vue de la rentabilité mais la rentabilité n'est pas tout. Travailler la terre comme nous entendions le faire, ce n'est pas seulement produire. C'est cultiver un art de vivre, se sentir unis à notre jardin, à la nature, aux saisons... Je reconnais qu'il y a chez moi un côté nourricier. Quand les légumes et les fruits arrivent sur ma table et que je me dis qu'ils viennent de mon travail, c'est pour moi quelque chose de très fort. Cela fait partie du bonheur. Il y a plus encore : dans le petit espace qui nous était donné, nous pouvions sauvegarder la beauté de la nature qui nous entourait, en faire un lieu protégé.

J'ai dit qu'il était bon de faire plusieurs choses et c'est pour cela qu'à mes moments perdus j'ai continué à faire de l'artisanat. J'ai fabriqué par exemple des meubles campagnards et il faut croire qu'ils n'étaient pas trop mal réussis car je suis parvenu à les vendre. J'ai dû pour cela faire appel à toute mon ingéniosité. J'avais découvert une machine à bois mais elle ne marchait qu'à l'électricité et nous ne l'avions pas. Il m'a fallu l'adapter à l'essence avec un tuyau qui sortait du toit. J'ai fait aussi de la sculpture, de la ferronnerie, ce qui me plaisait et me permettait de compléter nos maigres revenus.

Par-dessus tout, j'ai découvert avec bonheur mon nouveau métier de paysan. Je reconnais qu'à ce moment-là je n'étais pas dans l'air du temps car le mot même de paysan était alors profondément dévalué. Chez les "gens bien", on l'appelait le culterreux, le bouseux, comme on appelait "vilains" ceux qui cultivaient la terre au Moyen Âge. Pour être reconnu, il fallait s'appeler agriculteur ou producteur. Moi j'ai toujours préféré être un paysan. Je ne voulais pas devenir un industriel de la terre. Nombreux sont ceux, en France et dans tous les pays soi-disant avancés, qui se sont convertis à cette nouvelle vision mais, à mon avis, ils ne sont pas plus avancés. Je connais des gens qui cultivent de nombreux hectares et qui, à la fin du mois, n'ont guère plus d'argent que moi. Quand ils font le bilan du matériel qui leur est nécessaire pour cultiver leurs grandes propriétés, des engrais, des insecticides, des semences sélectionnées qu'ils doivent enfouir dans leur sol, ils s'aperçoivent qu'il leur reste bien peu. Cela est si vrai que nombreux sont les enfants de ces industriels de la terre qui refusent de prendre la suite de leurs parents.

C'est aussi bien d'ailleurs car il n'y a pas de place pour eux. C'est planifié depuis longtemps : il ne doit plus rester en France que 3 % d'agriculteurs ; tant pis si les terres les moins riches doivent rester en friches. Des terres comme la mienne dont on dit qu'elles sont ingrates mais qui pourtant me nourrissent, moi et ma famille, et qui dégagent un revenu suffisant pour me permettre de vivre et d'être heureux. »

Oui, il est heureux, Pierre Rabhi et cela se voit. Il nous a fait visiter son jardin, son verger, la terre où il cultive ses céréales et la chèvrerie, qui a toujours été le domaine particulier de Michèle où elle a, pendant de longues années, recueilli le lait de ses trente chèvres pour en faire de délicieux fromages[1]. Pierre et Michèle ont prouvé que la terre est beaucoup plus généreuse que ne le pensent les technocrates. À condition de l'aimer, de la respecter, de ne pas la brusquer. À condition aussi de travailler dur, de ne pas compter ses heures et de ne pas pleurer sa peine.

1. En 2006, il restait encore un petit troupeau de chèvres et les élèves de la Ferme des enfants (alors à Montchamp) pouvaient préparer du fromage. Quand l'école a été transférée au Hameau des Buis, à 2 kilomètres de la ferme familiale, les dernières chèvres sont parties là-bas.

Depuis leur arrivée dans leur Ardèche bien-aimée, ils ont vu venir de nombreux jeunes, ceux qu'on appelait les hippies et qui voulaient eux aussi élever des chèvres et cultiver leur nourriture. Ils en ont vu s'en aller, un ou deux ans plus tard, désabusés et plus pauvres encore que lorsqu'ils étaient arrivés. Pour lui, ils ont échoué parce qu'ils ne se sont pas donné la peine d'apprendre et surtout parce qu'ils n'ont pas assez travaillé.

Depuis, une seconde vague est arrivée et celle-là réussit mieux. Dans l'Ardèche mais aussi dans l'Ariège, la Lozère ou la Creuse, partout où les terres sont difficiles à travailler et bon marché. Ceux-là sont moins exaltés, plus sérieux, plus désireux d'apprendre et plus travailleurs que leurs prédécesseurs. Plus discrets aussi, ce qui leur permet d'être mieux acceptés par les gens du pays. On les appelle les « néoruraux » et, sans faire de bruit, ils redonnent vie à des régions qui étaient en train de mourir. Ils rouvrent les écoles qui étaient fermées, les bureaux de poste, les commerces et, souvent, ils ont leur mot à dire dans les municipalités. Nous avons rencontré beaucoup de ces « néoruraux » lors de l'enquête que nous avons menée pour notre livre *Il y a une vie après la ville*[1].

Pierre Rabhi les connaît bien, il les accueille, les conseille, les fait profiter de son savoir-faire. Ils

1. Éditions de La Table Ronde, 1997.

l'écoutent car il est pour eux un exemple vivant. Il y a plus de quarante ans qu'il vit sur sa terre et il a abondamment prouvé que ce qui est pour eux un rêve est en fait une chose possible. En 1979 déjà, il a été chargé par le département d'animer des stages de formation dans ces zones dites sensibles ou en difficulté.

À ces stagiaires, il ne parle pas que de techniques car il est persuadé, selon ses propres mots, que le temps est venu d'insister sur une approche sacrée des choses, sur une respiritualisation. Car la Terre est sacrée, ne cesse-t-il de répéter, elle est vraiment notre Mère et lorsqu'il dit cela aux jeunes, la plupart d'entre eux le comprennent et l'acceptent avec bonheur.

En fait, c'est une révolution totale qu'il leur propose :

1. Une révolution de l'esprit car il faut changer, vis-à-vis de la Terre, toutes nos habitudes de pensée. Il faut cesser de la considérer du seul point de vue de la rentabilité, comprendre qu'elle est un miracle. Elle n'est épaisse que de quelques centimètres et pourtant, partout sur la planète, elle est la Terre nourricière, d'une inépuisable fécondité. Il faut apprendre à la soigner avec amour, ce que savaient si bien faire nos ancêtres et ce que nous sommes en train d'oublier, hantés que nous sommes par l'avidité.

2. Une révolution spirituelle et, en cela, les peuples dits primitifs ont beaucoup à nous apprendre, notamment les Amérindiens. Pour eux, comme pour de nombreux peuples d'Afrique ou d'Asie, Notre Mère la Terre est sacrée. Nous sommes unis à elle par les liens les plus étroits, elle fait partie de nous. Elle ne nous appartient pas, c'est nous qui lui appartenons. Nous, les hommes, nous devons apprendre que nous sommes un avec l'univers, avec le cosmos. « Notre Mère la Terre nous aime, nous a dit un jour un vieil Amérindien que nous interrogions pour *Les Gardiens de la terre*[1]. Elle nous nourrit, elle nous donne tout ce dont nous avons besoin. Elle nous aime mais nous la faisons souffrir, nous la brutalisons, nous l'empoisonnons. Elle est patiente, elle subit mais si nous continuons à la salir, à la polluer, un jour, bientôt peut-être, elle se lassera et elle se secouera comme un chien secoue ses puces. Mais les puces, ce sera nous les hommes. » Pierre Rabhi n'emploie certes pas ce langage apocalyptique mais il est sur le fond d'accord avec nos amis Amérindiens.

3. Une révolution technique enfin car il existe des moyens, nous l'allons voir, de cultiver la terre dans l'harmonie, sans la forcer à produire toujours plus en l'empoisonnant et en empoisonnant du même coup l'humanité. Insistons sur le fait que

1. Éditions de La Table Ronde, 1994.

nous ne sommes pas ici dans le domaine de l'utopie mais, au contraire, dans une démarche tout à fait rationnelle.

Il n'est pas question, bien sûr, dans un si petit livre, de tout dire sur l'enseignement de Pierre Rabhi. Au moins pouvons-nous en dégager les grandes lignes. Il a été avec nous d'une grande patience, il nous a consacré tout son temps pendant notre séjour chez lui, il nous a parlé avec force et conviction et il a toujours été d'une grande clarté. Les pages qui suivent s'attachent à évoquer un être passionné, en lutte pour que l'agriculture redevienne humaine, pour que la terre soit respectée et aimée comme elle mérite de l'être.

4
Un nouveau regard sur l'agriculture

Voici Pierre et Michèle Rabhi installés dans leur ferme. Autour d'eux, en dehors du docteur Pierre Richard et de quelques amis, on ne donne pas cher de leurs chances de réussite. « Ils viennent de la ville, ils ne connaissent rien à notre vie et à nos problèmes, disent ceux qui savent en hochant la tête. Ils vont faire comme tant d'autres que nous avons vus passer : dans deux ou trois ans, au plus, ils ne seront plus ici. »

Rares sont les exploitants agricoles qui se sont installés dans d'aussi rudes conditions. Mais paradoxalement, c'est pour eux une chance, car ils vont prouver que, même dans ces conditions extrêmes, vivre heureux et dégager des revenus suffisants pour faire vivre correctement une famille nombreuse est possible. Ils doivent cela, bien sûr, à leur courage, à leur force de travail, à leur optimisme mais aussi, mais surtout à leur vision d'une agriculture nouvelle, une vision tout à fait à l'encontre des idées reçues et des doctrines officielles.

Regardant autour de lui, réfléchissant, étudiant les statistiques et les méthodes préconisées par les officiels de l'agriculture, Pierre Rabhi arrive à ce qu'il considère comme une évidence : l'homme occidental a créé une agriculture incroyablement chère. Pour obtenir une calorie alimentaire, il lui faut brûler douze à quinze calories d'énergie. Cela semble fou si on veut bien se donner la peine d'y réfléchir.

Le responsable de cet état de choses est un prestigieux savant allemand, un chimiste passionné dont les thèses ont révolutionné au XIXe siècle de nombreux domaines et en particulier l'agriculture. Il s'appelait Justus von Liebig, il est né à Darmstadt dans l'État de Hesse en 1803 et mort à Munich en 1873. Il appartenait à cette génération de savants aux yeux de qui la science était capable de résoudre tous les problèmes de l'humanité. Il est considéré comme le fondateur de la chimie analytique et organique. Pragmatique, il s'est penché sur les applications de la chimie à l'industrie et à l'agriculture. On dit même de lui qu'il est le créateur de la chimie agricole.

Il s'est longtemps intéressé aux explosifs, il a joué un grand rôle dans la découverte de l'éthanol et du chloroforme. En agriculture, il a étudié le cycle du carbone et de l'azote.

Dans ce domaine, il est parti d'une idée simple : pour que la terre soit fertile, il suffirait de lui apporter les éléments qui lui manquent. Afin de déterminer ces éléments, il a pris des plantes, les a brûlées et s'est livré à l'analyse de leurs cendres. Il s'est rendu compte que celles-ci étaient faites de quatre éléments principaux, le nitrate, le phosphore, la potasse et la chaux. La conclusion s'imposait d'elle-même : pour conserver au sol sa fertilité, il suffisait de lui redonner l'élément ou les éléments qui lui manquaient. C'est une théorie simple, facile à mettre en œuvre et il faudra longtemps pour s'apercevoir qu'elle est un peu simpliste.

Ainsi sont nés les engrais chimiques produits dans des centaines d'usines installées dans tous les pays industriels. Jusqu'ici, les nitrates n'avaient jamais été utilisés pour l'agriculture mais pour les industries de guerre. Remplaçant le salpêtre, ils servaient à la fabrication des explosifs. C'était commode, les usines existaient déjà. Il ne restait plus qu'à se lancer dans la fabrication et à inonder le marché.

Lors des premières expériences, il est vrai que les chercheurs ont obtenu des rendements extraordinairement élevés. Les usines se sont donc mises à tourner à plein et l'agriculture est devenue du même coup l'une des branches de la chimie. L'engouement a été total, il dure encore aujourd'hui et les quelques voix qui ont tenté de dire que tout n'était pas pour le mieux dans le meilleur des mondes ont vite été étouffées.

L'une de ces voix était celle d'un nommé Rudolf Steiner qui, dès 1924, avait proclamé : « Attention ! Nous nous lançons dans une voie qui est tout à fait dangereuse ! »

Pourquoi dangereuse ? Parce que cette vision purement chimique de l'agriculture ne tient pas compte d'éléments essentiels. La planète Terre n'est pas qu'un complexe physique et chimique. Elle est reliée au reste de l'univers, plongée dans un contexte cosmique. C'est donc le cosmos tout entier qui intervient dans la vitalité de la Terre.

Écoutons Pierre Rabhi :

> « La Terre n'est pas isolée et, de ce fait, elle est elle-même un élément vibratoire qui baigne dans ce bain vibratoire émis par chaque planète, chaque étoile, chaque constellation. C'est donc l'ensemble de ce système vibratoire qui donne un ordre à l'univers.
>
> Lorsqu'on s'intéresse à la Terre, on constate qu'il y a un ordre établi et que, dans cet ordre, le minéral est en fin de cycle et non au début. C'est le squelette qui est un élément minéral, une base à partir de laquelle la vie s'est organisée dans une combinaison avec l'organique et, dans ce processus, tout ce qui vit se minéralise mais la vie n'y est plus. Le

complexe argilo-humique, par exemple, constitue ce que nous appelons “la terre fertile”. Donc, si l’on emploie massivement les éléments minéraux, on va minéraliser la Terre et, par conséquent, la faire régresser au lieu de la laisser dans le dynamisme de la vie. Elle va régresser de plus en plus vers le minéral. En la considérant uniquement comme un substrat dans lequel on met des substances minérales synthétiques, on oublie complètement qu’elle est vivante, qu’elle est faite de micro-organismes, de vers de terre, de champignons, etc. C’est tout un monde. Et encore une fois, ne craignons pas de le répéter, la Terre est énergisée par le système vibratoire du soleil, de la lune, des planètes. Elle est, énergiquement, une totalité. Ce qui nous amène à dire que, pour qu’un paysan soit dans son rôle juste, il doit faire appel non à des substances mortes mais à la vie. Là se trouve l’origine de la biodynamique. »

Il est facile d’enfouir dans la terre des tonnes et des tonnes d’engrais chimiques mais il faut comprendre ce que cela implique. D’abord le fait que l’agriculture chimique est de plus en plus chère. Pour fabriquer trois tonnes d’engrais, il faut utiliser trois tonnes de pétrole. Ainsi, l’agriculture est devenue une industrie. Il lui faut des surfaces de plus en plus vastes pour que les engrais et la mécanisation lourde donnent leur pleine mesure. Et, comme toute industrie, elle devient terriblement polluante. Il y a aujourd’hui en France des régions entières où le sol, les rivières et les nappes phréatiques sont entièrement pollués par les nitrates et cela ne peut que s'aggraver dans le monde entier si nous persévérons dans cette façon de faire.

Cette agriculture est une agriculture de riches. Elle n'est pas accessible aux petits paysans de chez nous et encore moins à ceux du tiers monde. Ceux-ci n'ont plus qu'à disparaître pour aller se fondre dans l'anonymat des villes et, bien sûr, dans les pays pauvres, aller grossir les bidonvilles qui entourent les grandes villes d'un cercle de misère.

« Pour la terre, bien sûr, affirme Pierre Rabhi, c'est une catastrophe. Dans ces grandes plaines céréalières dont nous sommes si fiers, essayez donc de cesser d'apporter des engrais et, vous le constaterez, l'effondrement sera immédiat. On parle toujours du dopage des sportifs mais la terre elle-même est dopée, elle vit dans un dopage permanent. Si vous analysez les sols, vous remarquerez qu'ils sont morts. Vous n'y trouverez même plus de vers de terre, plus la moindre trace de vie. Ces sols ne sont plus que des substrats. Ne vous étonnez pas, dans ces conditions, si les fruits et les légumes n'ont plus la saveur d'autrefois. Ils font illusion mais il n'y a plus de vie en eux. Donnez-vous donc la peine de comparer des haricots verts ou des tomates cueillis dans un jardin bien cultivé à ceux que vous achetez dans un supermarché. La différence est spectaculaire, je l'ai si souvent constaté.

Bien sûr, si vous dites cela à un gros agriculteur, il va vous répondre : “Moi, ça me rapporte,

> donc je continue." Il ne se rend pas compte que tout se dégrade autour de lui, la qualité de ses produits, de sa terre, de l'eau.
>
> Le plus effrayant est que ceux que nous appelons des "experts" sont au courant. Il y a six ans, j'ai eu entre les mains un document dans lequel des scientifiques anglais attiraient l'attention sur les risques induits par les farines animales. En 1990, déjà, le magazine *Que choisir ?* avait souligné ce danger. En vain. »

Après avoir entendu cela, nous ne pouvons que nous poser la question : alors, que faire ?

Courageusement, envers et contre tous, Pierre Rabhi s'est mis à la tâche. Dès que sa ferme est devenue opérationnelle, il a commencé à organiser des stages d'initiation à la terre. « Il s'agissait, dit-il, d'une réflexion globale sur les responsabilités des êtres humains à l'égard de cette vie, de cette terre dont, quoi qu'ils en pensent, ils ne sont pas propriétaires. » D'année en année, ces stages n'ont cessé d'évoluer et de connaître une audience de plus en plus large. Les aspects techniques, scientifiques et pratiques y sont passés en revue mais ils sont tous reliés par ce fil conducteur que Pierre Rabhi appelle « l'élément sacré ».

Nous sommes ici au cœur de son enseignement. Car on peut agir, on peut faire des réformes ici ou là, organiser des manifestations de protestation à Seattle, à Gênes ou ailleurs, si on ne prend pas en compte l'élément sacré, on va tout simplement aller de réaction en réaction et rien ne sera vraiment changé. Au cœur même de l'action, si intense et si prenante soit-elle, nous ne devons cesser de revenir à nous-mêmes dans notre profondeur. C'est une question de vie ou de mort pour nous et pour notre planète.

Pierre Rabhi affirme qu'à ses yeux un stage est réussi lorsqu'un ou plusieurs des participants lui disent en partant : « Ce stage m'a ramené à moi-même, à ma terre intérieure. »

J'avoue que Rachel et moi, nous avons été heureux de retrouver en lui l'enthousiasme sacré que nous avions connu avec une telle intensité, lors de nos rencontres, chez nos amis amérindiens ou mayas. Ce sentiment d'union, de fusion avec le cosmos tout entier, cet émerveillement constant devant la création. Quel bonheur de voir un agriculteur, un vrai, s'émerveiller en regardant une fleur ou un épi de blé, ne pas considérer la terre seulement comme un moyen d'existence mais comme une mère qui nous aime et qui, en échange de notre travail, nous donne tout ce dont nous avons besoin. Il ne suffit pas de changer la technologie, c'est l'homme qu'il faut changer en commençant par nous-mêmes.

Écoutons parler Pierre Rabhi sur ce sujet essentiel :

« Lors des débats publics, je suis obligé d'employer des images fortes pour arriver à une vraie pédagogie. Je dis par exemple : "Notre agriculture est devenue une agriculture hors sol, elle n'est plus que minérale mais ce qui est grave, c'est que nous élevons nos enfants comme nous cultivons nos plantes : hors sol." Même avec les meilleures intentions du monde, nous passons à côté de l'essentiel. Nous pouvons bien nous chauffer et nous éclairer avec le solaire, cultiver et manger bio, recycler notre eau et trier nos déchets, tout cela est très bien mais si nous continuons à exploiter notre voisin, c'est comme si nous n'avions rien fait.

Nous pouvons mettre au point des technologies merveilleuses, même écologiques, mais si l'homme ne change pas, il les pervertira. Internet, c'est aussi Inter pas net. La crise que nous vivons n'est pas seulement celle des moyens, elle est celle de l'être humain. Si l'être humain ne change pas, si chacun de nous, honnêtement, ne change pas, il ne servira à rien de changer les techniques et cela d'autant plus que même les meilleures seront vite perverties. Voyez ce qui se passe pour le bio : tout le monde s'y précipite parce que tout le monde a la trouille mais ceux qui s'y précipitent le plus sont ceux qui veulent en profiter pour faire de l'argent.

Oui, il faut revenir au sacré. Pour moi, ce ne sont pas des paroles. J'ai le sentiment, en disant cela, de toucher à l'essentiel. J'ai parfois l'impression, je l'avoue, de ramer à contre-courant mais tant pis ! Jusqu'au bout, je continuerai à ramer car il n'y a pas d'alternative. »

Cette obstination est d'autant plus méritoire que Pierre Rabhi ne se fait guère d'illusions. Il ne vit pas sur un nuage rose, il sait ce qu'il y a dans l'homme. Il ne baisse pas les bras, il continue à lutter, il est persuadé que rien n'est joué, que l'homme peut encore changer, découvrir enfin l'élément spirituel qui est en lui et qui, en vérité, est son vrai moi. Mais il faut faire vite. Personne n'a autant que lui le sens de l'urgence.

Écoutons-le dresser le terrible bilan de l'aventure humaine :

> « Dans le monde où nous vivons, nous n'entendons parler que d'horreurs. Souvent les bras m'en tombent au point qu'il m'arrive de douter, de me dire que le bateau va couler mais il y a en moi une force qui me pousse irrésistiblement à continuer à lutter pour la vie, à colmater les brèches au fur et à mesure qu'elles se produisent. Je sais que si l'être humain ne s'adapte pas, il peut disparaître mais je crois, envers et contre tout, qu'il peut encore s'adapter et donc se sauver.
>
> S'il disparaissait, la nature ne se porterait pas plus mal. J'amuse souvent mes auditeurs en leur disant que si l'homme cessait d'exister, les baleines et les éléphants feraient une fête à tout casser car le pire des prédateurs aurait enfin cessé de leur nuire. J'en ai vraiment marre de voir sans cesse encenser l'homme comme s'il était le roi de la création alors qu'en fait nous sommes des pervers, l'horreur du monde. Quand j'entends tout le caquetage qui se

fait autour de cette minuscule planète, j'en ai assez ! Cessons nos vanités, arrêtons de nous décerner des médailles, soyons lucides et constatons que notre espèce a un côté extrêmement cruel, destructeur, meurtrier et violent.

J'en suis tellement convaincu que, certains jours, je me dis que je préférerais être un batracien plutôt qu'un homme. Neuf fois sur dix, lorsqu'on évoque la souffrance, on pense à celle de l'homme mais c'est justement l'être humain qui impose la souffrance à son espèce et aux autres. L'homme est capable de tout, y compris de la folie la plus meurtrière. Je ne me fais aucune illusion là-dessus.

Voulez-vous des preuves ? Allez visiter les élevages intensifs de poulets ou de veaux. C'est inadmissible si on y réfléchit mais aux yeux du plus grand nombre, c'est aujourd'hui normalisé. Nous sommes capables de normaliser n'importe quoi.

Là est le paradoxe car cet homme, si détestable soit-il, est aussi le seul à pouvoir exalter la beauté de la vie, à donner une vibration. Un arbre, c'est magnifique mais ce n'est qu'un arbre. Il se contente d'être alors que nous, les humains, nous sommes capables d'exalter la création. Nous sommes faits pour nous émerveiller.

Dans les églises, on entend souvent proclamer : "Louez le Seigneur ! Bénissez le Seigneur !" C'est beau, à condition que ce ne soit pas que des mots. Car nous avons trop tendance à nous contenter de mots, de grandes phrases, de magnifiques proclamations. Alors que nous regardons souffrir des créatures sans nous révolter. Les grandes phrases nous servent trop souvent d'alibis pour ne pas voir la vie telle qu'elle est. J'en arrive à me méfier de moi-même lorsque je fais des conférences. Je me surprends parfois à me demander : "Rabhi, est-ce que tu es bien accordé à ce que tu proclames ?" Prendre la parole, c'est aussi prendre un pouvoir et nous ne savons pas jusqu'où cela peut nous mener. Je sais qu'en tant qu'homme je suis responsable de la dégradation du monde et qu'il n'y a qu'un moyen d'en sortir : revenir encore et toujours au sacré. Je le répète, tout est sacré, c'est une question de regard. Tout ce qui existe dans la création, même les êtres les plus humbles, les animaux, les végétaux, les minéraux… Tout. Et ce sens du sacré, si nous acceptons enfin d'y prêter attention, est dans nos fibres. C'est cela le bonheur d'être, j'en ai l'intuition profonde et, jusqu'à mon dernier souffle, je continuerai à être attentif au sacré, même si le monde se trouvait entièrement plongé dans le chaos. Voilà pourquoi je continue à agir en dépit des mauvaises nouvelles que je reçois tous les matins, en dépit des guerres, des attentats, des massacres, des incompréhensions, des pollutions…

Il y a urgence, vous savez, une urgence que nous pouvons aujourd'hui mesurer objectivement. Nous ne pouvons plus nous contenter d'entretenir de vagues craintes. Nous sommes capables de calculer scientifiquement où en sont les ressources de la planète, les possibilités que nous avons de nourrir ses habitants, de déterminer les réserves de la faune marine, où en sont les forêts, les terres labourables… Nous sommes obligés d'avoir des éléments statistiques pour démontrer cette urgence dont je parle. Et, pour que les choses soient justes, nous devons réagir par la raison et non sous l'emprise de la peur.

Disons un mot de la peur puisque nous y sommes. Ce qui est terrible, c'est qu'elle fait vendre du papier. Les médias, tout comme les hommes politiques, savent en jouer avec une terrible efficacité.

Regardez les enfants d'aujourd'hui : dès qu'ils vont à l'école, et ils y vont de plus en plus tôt, ils commencent à être angoissés. On leur présente le monde comme un lieu où ils vont en baver, où il va leur falloir lutter pour gagner, pour gagner du pouvoir et de l'argent s'ils veulent être des humains dignes de ce nom. Ne vous étonnez pas qu'ils soient angoissés ! Alors qu'il faudrait les accueillir en leur disant qu'ils sont les bienvenus, que chacun est le complément de l'autre, que la solidarité est plus importante que la compétitivité. Si vous ne leur apprenez pas cela, vous les angoissez et vous les lancez dans un processus de domination.

Surtout, il faut arrêter de les terroriser. Si un portique tombe dans une cour de récréation, on va en parler dans les journaux et à la télévision mais on se gardera bien de faire remarquer qu'il y en a des milliers d'autres qui restent debout. J'aimerais que, de temps en temps, les journaux, les radios et les télévisions nous disent ce qui va bien. Alors nous cesserions peut-être de vivre et de faire vivre nos enfants dans le drame et la tragédie.

Ce que je viens de dire peut paraître simpliste, j'en suis tout à fait conscient. C'est peut-être vrai mais ce qui est plus vrai encore, c'est que l'homme est appelé à se transformer lui-même et que, s'il ne le fait pas, il va disparaître. Heureusement, il y a des signes positifs dans le monde d'aujourd'hui. Je vous l'ai dit, j'ai beaucoup lu Teilhard de Chardin qui est, à mon avis, injustement oublié. Je vous ai parlé de la noosphère, cette sphère de conscience qui est en train de se tisser autour du monde. Ce n'est pas un hasard, j'en suis persuadé, si l'on a baptisé Internet "la Toile".

Cette toile que nous sommes en train de tisser, il est très important qu'elle véhicule des valeurs spirituelles et il est très important que ceux qui croient à ces valeurs se retrouvent et se sentent frères. C'est pourquoi je suis respectueux de toutes les religions. Ma femme et moi, nous ne mettons jamais les pieds à l'église mais nous respectons ceux qui y vont. Nous sommes en très bons termes avec le prêtre de notre paroisse et, par solidarité, nous payons même le denier du culte. »

Le soir tombe. Au loin, les lumières commencent à s'allumer dans les villages. Nous sortons sur la terrasse et nous sommes, soudain, submergés par le silence. Un silence vivant, habité par une sorte de tendresse. Nous sommes bien, en communion avec tout ce qui nous entoure. Pierre Rabhi parle beaucoup du silence dans ses livres. D'un silence qui se transforme tout naturellement en méditation.

« Je suis né dans le désert, dit-il, c'est-à-dire dans le monde du silence et j'en reste profondément marqué. Dans cette vastitude, même les bruits sont atténués. Loin d'être de l'anti-silence, ils sont comme le complément du silence. Je dirais même qu'il y a deux sortes de bruits, ceux qui accentuent le silence et ceux qui l'annulent. Ce sont les bruits de la vie, le braiment de l'âne, le souffle du vent dans le désert, le choc du marteau sur l'enclume… Au cours de mon enfance, j'ai baigné dans cette atmosphère comme dans le liquide amniotique. Cette qualité de silence nous amène à faire le silence en nous-mêmes.

Paradoxalement, lorsque je veux me déconnecter, me retrouver dans une autre ambiance psychique, je vais en ville. Surtout lorsque je dois écrire. Je loue une chambre d'hôtel ou j'écris dans un bistro. Cela me stimule, me procure une concentration. Si je trouve un bistro où il y a une ambiance de calme, loin, bien sûr, des musiques fracassantes, alors je m'y sens bien. C'est peut-être difficile à comprendre, mais c'est comme ça. De toute façon, quand je m'installe à la terrasse d'un bistro, je sais que je suis coupé de tout, que je ne vais pas être dérangé par une visite, un coup de téléphone ou un fax. Je suis dans ma bulle. »

La nuit est tombée maintenant et nous nous apprêtons à partir. Pourquoi faut-il qu'un mot jaillisse, un mot qui va ouvrir un nouveau débat et faire à nouveau luire dans les yeux de Pierre Rabhi une lueur d'indignation ? C'est Rachel qui lui dit : « Vous qui êtes un écologiste passionné… »

« Si vous voulez parler des écologistes politiques, s'enflamme-t-il, je trouve qu'ils nous donnent un spectacle désolant. Ils ne sont absolument pas dans une écologie humaniste. Ils devraient déjà donner l'exemple d'une entente cordiale, d'un humanisme. Je me suis toujours refusé à l'écologie politique car elle n'est pas adulte.

Ce que je reproche par-dessus tout à l'écologie politique, c'est d'avoir voulu être rationnelle, desséchée alors qu'elle aurait dû intégrer la dimension sacrée. On ne peut pas faire d'écologie en évacuant le spirituel, le sacré dans l'approche de la vie. Et puis l'écologie ne peut pas être seulement de gauche, elle doit rassembler tous les hommes, quelles que soient leurs opinions politiques. Les jeunes attendent autre chose qu'un combat politique. Ils n'ont pas envie de se battre uniquement parce qu'il ne faut pas polluer. J'en vois de plus en plus qui sont sensibles au discours sur le sens de la vie. J'insiste bien sur le fait qu'il ne s'agit pas de religion mais du sacré.

C'est très curieux, vous savez, les gens lisent mes livres et me disent qu'ils y ont trouvé de la spiritualité alors que je n'en parle jamais. Ce qui prouve bien qu'une certaine spiritualité est intrinsèque à l'écologie.

Pour moi, l'écologie politique telle qu'elle se présente actuellement manque de souffle et c'est bien dommage.

On nous parle toujours de crises, on affirme que ce sont les autres qui en sont responsables, on fait de belles phrases là-dessus mais on oublie toujours de dire que la crise, elle est d'abord en nous-mêmes, en chacun. C'est d'abord en nous qu'elle doit se dénouer avant de se dénouer dans la société. La société d'aujourd'hui est l'émanation de notre conscience et si elle n'est pas satisfaisante, c'est justement à cause de nous. Ce ne sont pas les extraterrestres qui nous ont organisé le monde tel qu'il est, ni les baleines, ni les éléphants, ce qui est dommage car ils l'auraient sans doute organisé d'une façon plus intelligente.

Regardez Internet. L'humanité se demande encore si c'est un phénomène positif ou négatif. En réalité, cela dépend de nous. Si nous sommes nombreux à envoyer des influx positifs, Internet sera un phénomène positif. Alors que si nous envoyons des influx de haine ou d'égoïsme… »

Malgré tout, Pierre Rabhi a de nombreux amis chez les Verts car il est reconnaissant envers tous ceux qui œuvrent avec le meilleur d'eux-mêmes pour défendre les valeurs écologiques et humaines. À plusieurs reprises, ceux-ci lui ont suggéré d'entrer en politique à leurs côtés. Ils lui ont même un jour demandé de devenir député européen. Il s'est aperçu qu'il y avait dix-sept places à pourvoir et que, pour avoir une chance d'être élu, il devait être inscrit dans les trois premiers. On lui a dit que cela n'était pas possible et il a refusé de s'engager pour faire uniquement de la figuration.

« Les écolos sont déjà si peu nombreux, dit-il, et pourtant ils n'arrêtent pas de se déchirer. Ils s'émiettent, se disputent, ils sont ridicules. J'ai le sentiment qu'ils ont un ego démesuré. Je connais des gens qui avaient un élan écologique important mais cet élan s'est brisé devant ce manque absolu de souffle.

Moi, je n'hésite pas à parler du sacré. Au début, je ne savais pas comment m'y prendre, je voulais ménager la chèvre et le chou. Maintenant, au cours de mes conférences ou dans mes livres, je suis obligé d'en parler. C'est une nécessité vitale.

Je suis de plus en plus persuadé qu'on ne peut pas séparer le spirituel de la vie. Je souhaiterais même que le moindre élément de la société soit spiritualisé. C'est dans ce sens-là que, mes amis et moi, nous voulons essayer d'incarner l'esprit qui nous anime.

J'entends souvent de grandes et belles paroles mais cela ne suffit pas. Nous devons nous incarner. Il y a une telle distorsion entre ces proclamations et la réalité. Il faut circuler pour se rendre compte de la condition humaine. Quand on circule, on voit objectivement les enfants, avec les côtes saillantes, en train d'agoniser doucement. On voit des enfants qui naissent pour mourir et on a envie que cela s'arrête le plus vite possible.

Chaque fois que je reviens d'un voyage en Afrique et que je retrouve la modernité, je me rends compte que cette modernité est une imposture. Nous sommes tombés dans l'horreur d'un soi-disant progrès humain qui ne bénéficie qu'à peu de monde, qui est destructeur et qui aliène. Il n'est pas normal qu'une personne doive donner sa vie entière pour avoir tout simplement quelque chose dans son assiette. Il n'est pas normal qu'on consacre tellement de temps et d'énergie pour fabriquer des inutilités. C'est stupide, cela n'est pas digne de la condition d'homme. Les gens sont obligés de courir toute la journée avant de rentrer dans leurs alvéoles.

Je vous l'ai dit, j'ai travaillé en usine, je trouvais normal qu'il y ait des différences de salaires mais je ne pouvais pas supporter le manque d'équité. Ce que j'entends par équité, c'est la reconnaissance de chaque être. Car chaque être, même le plus modeste, doit être reconnu dans sa dignité. Chaque être a un rôle à jouer, chaque être est important. Si on reconnaissait cela, alors oui, on pourrait parler d'un fantastique progrès !

Il ne faut plus que l'argent soit la mesure de tout. "*Time is money*", on ne saura jamais l'importance de cette affirmation. Elle est à l'origine de la schizophrénie qui menace la planète entière. »

5

Nous allons, même chez nous, vers une pénurie alimentaire

La liberté, le droit de respirer l'air pur, de goûter le silence, de vivre comme on l'entend, de ne pas avoir à supporter des chefs petits ou grands, le bonheur de vivre en harmonie avec la nature et avec les saisons... rien de tout cela ne nous est offert sur un plateau. Dans la plupart des cas, il faut lutter pour le conquérir. C'est une lutte qui peut durer des années et nous mener jusqu'à la limite de nos forces.

Un oncle de Michèle leur avait proposé un jour de les aider à acquérir Montchamp et cela avait soulevé en eux un immense espoir. L'oncle était venu, il avait vu et était reparti aussitôt, sans donner suite à ses promesses. Quant au Crédit Agricole, il ne voulait pas, disait-il, les aider à se suicider.

Ils se sont pourtant mis au travail et, pas une seule fois, n'ont regretté leur décision. Ils ont même fait preuve d'un optimisme débordant en mettant au monde cinq enfants. Ils donnent l'exemple d'une famille heureuse. Pourquoi heureuse ? Parce que, affirme Michèle, ils ont su ne pas se couper de l'Essentiel.

Pierre approuve gravement et insiste en affirmant que les enfants d'aujourd'hui, dans leur immense majorité, sont des enfants élevés hors sol, tout comme les produits de l'agriculture moderne. Hors sol parce qu'ils grandissent dans un univers artificiel, sans aucun rapport avec la nature. Un univers fait surtout de télévision et de jeux vidéo. Ils vivent toute leur enfance privés des quatre éléments pourtant si essentiels à l'homme : privés d'air car ils ne respirent que les gaz d'échappement, privés d'eau car ils ne boivent que de l'eau javellisée, privés de terre car ils ne marchent que sur l'asphalte, privés de feu car, en fait de feu, ils ne peuvent contempler que la flamme de leur réchaud à gaz. C'est tout juste si certains, pendant leurs vacances, vont faire un petit tour à la campagne ou à la mer. D'ailleurs, même en vacances, la plupart d'entre eux partent s'entasser dans des campings ou sur des plages tellement encombrés qu'ils y retrouvent, à quelque chose près, les difficultés de la ville.

Cela crée un monde invivable pour la plupart de nos contemporains et suffit à expliquer la morosité ambiante.

« Un enfant, affirme Pierre Rabhi, son contexte devrait être la vie, c'est-à-dire la nature, la terre, les animaux. La nature est un livre ouvert dont les chapitres s'appellent Botanique, Entomologie, Minéralogie… Au lieu d'élever les enfants dans un cadre naturel, on les enferme dans des boîtes. Il est inimaginable qu'on ne comprenne pas cela. Après, nous nous étonnons de vivre dans un monde dominé par des technocrates et des intellos qui sont des gens complètement déconnectés et qui, parce qu'ils sont déconnectés, affirment avec autorité des conneries monumentales. Eux aussi, on peut sans exagérer dire qu'ils vivent "hors sol".

Alors que la terre est le fondement de tout, la seule valeur sûre. Ceux qui savent cultiver la terre s'en tireront toujours. Moi, je me sens en parfaite sécurité. »

Il insiste sur le fait qu'à son avis, étant donné ce qui se passe, l'humanité pourrait connaître, au cours du XXIe siècle, des pénuries alimentaires sans précédent.

Cela semble fou. On a du mal à y croire lorsqu'on voit, dans les pays développés, les supermarchés bourrés des nourritures les plus diverses. Devant cet amoncellement de biens, nous avons tendance à être rassurés, à nous dire qu'une telle abondance n'aura pas de fin, que les pénuries alimentaires, les famines appartiennent définitivement au passé. Nous sommes tranquilles. Pierre Rabhi, lui, ne l'est pas.

« Nous ne sommes pas, dit-il, à l'abri d'un changement climatique important. Nous en observons même peut-être les premiers signes. De toute façon, la situation est malsaine.

Aujourd'hui, c'est quoi la nourriture ? C'est un créneau de profits considérable. Les gros trusts agroalimentaires se disputent avec acharnement les parts du marché de l'alimentation. C'est pour ces trusts que travaille aujourd'hui l'agriculture mondiale. Nous vivons et nous mangeons sous la loi du marché. Allez voir un peu dans les centrales d'achat des grands supermarchés. Ceux-ci ne font pas de sentiment. Ils regardent les cours mondiaux de tel ou tel produit et ils se disent : Tiens ! Je vois qu'on m'offre ici des artichauts ou des tomates à des prix intéressants. Je vais calculer, intégrer les charges de l'acheminement. Ce fournisseur se trouve à 3 000 kilomètres, mais peu importe ! Malgré le coût du transport, ma marge sera tout de même plus élevée que si je prends ces produits à deux pas de chez moi. C'est ainsi qu'ils raisonnent. Si bien que nous assistons à un incroyable spectacle : l'alimentation mondiale n'arrête pas de se croiser sur les autoroutes.

Je vais vous raconter un fait divers qui s'est passé dans les années soixante-dix et qui pourrait tout à fait survenir aujourd'hui. Je suis étonné qu'on n'en ait pas parlé davantage : un camion de tomates a quitté un jour l'Espagne pour l'Allemagne le jour même où un autre camion de tomates quittait l'Allemagne pour l'Espagne. Ils se sont percutés sur l'autoroute. Cela illustre bien la politique agricole commune. »

On pourrait ajouter que ces tomates, venues de si loin, ne peuvent pas être bonnes car elles ont été cueillies avant d'être mûres de façon à pouvoir supporter le voyage. Mais de cela, les citadins n'ont cure. Il y a si longtemps qu'ils ont perdu le goût des tomates ramassées dans leur jardin ou dans celui du maraîcher voisin.

Mais revenons aux sombres prédictions de Pierre Rabhi sur les pénuries alimentaires qui nous menacent à plus ou moins brève échéance.

Observateur ô combien attentif, il constate que, partout, le nombre des paysans ne fait que diminuer. En 1914 encore, l'immense majorité des habitants de la France était composée de paysans ou de ruraux. Aujourd'hui, le dogme officiel ne veut pas qu'il y ait plus de 3 % de paysans pour nourrir le pays. Donc les campagnes sont dépeuplées et même, en beaucoup d'endroits, elles se meurent. Cela, nous pouvons le constater partout. Près du moulin que nous habitons, Rachel et moi, il y a un petit hameau qui, il y a quarante ans encore, comptait plusieurs fermes en activité. Il fallait une importante main-d'œuvre pour les faire fonctionner. Toute la famille s'y mettait et elle devait en plus faire appel à des ouvriers agricoles. Il y avait même un café où l'on pouvait trouver *La Nouvelle République*, le journal local. Maintenant, plusieurs maisons sont vides ou s'écroulent et il n'y a plus qu'une ferme en activité. Encore est-elle tenue par des gens vieillissants. La vie s'en va et les terres les moins rentables redeviennent la proie des ronces et des épines. Il en va ainsi partout en France et dans les pays soi-disant développés tandis que, dans les lieux de cultures intensives, l'érosion des sols – nous y reviendrons – se fait terrible. Le sol nourricier s'amenuise partout.

Ainsi l'agriculture a cessé d'être le domaine des paysans pour devenir celui des industriels et des marchands. Ces derniers détestent les stocks qui coûtent cher et prennent de la place, si bien qu'ils travaillent de plus en plus – selon leur propre expression – « en flux tendu ». Ils ne veulent pas d'excédents, ce qui signifie qu'il ne faut produire que ce que le marché peut absorber. On arrive ainsi à d'incroyables aberrations. Il n'y a pas si longtemps, l'Algérie était capable de produire sa propre consommation et même d'exporter des biens agricoles. Aujourd'hui, elle est obligée d'importer 80 % de sa nourriture.

Pierre Rabhi fait cette proposition aux autorités algériennes, sans espoir d'ailleurs d'être entendu : « Confiez-moi le volet agricole, en tant que simple conseiller, car je ne demande pas à être ministre, et je vous assure que, dans quatre ans, l'Algérie pourra se suffire à elle-même. »

Il sait bien qu'il prêche dans le vide, qu'il n'a aucune chance d'être entendu. Pourquoi ? Surtout à cause de la corruption qui est partout dans les pays dont on dit qu'ils sont en voie de développement. Les gens qui occupent les postes-clés dans l'agriculture comme ailleurs ont coutume de toucher des « royalties ». Ils en touchent quand le blé sort et aussi quand il entre. Car il en sort, du blé. En Algérie, par exemple, le meilleur est exporté et les mercantis touchent des deux côtés.

Si vous voulez voir Pierre Rabhi se hérisser d'indignation, il suffit d'aborder avec lui le sujet de la corruption dans les pays pauvres. Elle est partout rampante, elle profite de tout. De l'aide humanitaire, par exemple. Comment se fait-il que dans les pays de misère, des fortunes colossales ne cessent de se constituer ? Parce que les soi-disant élites prélèvent leur dîme sur tout et en particulier sur l'argent envoyé par les organismes humanitaires.

Écoutons Pierre Rabhi lorsqu'il se fait procureur :

> « Je ne dis pas qu'il ne faut pas intervenir pour soulager les misères les plus criantes. Je dis qu'il ne faut pas laisser des gens comme Mobutu s'enrichir d'une façon si éhontée. Nous ne sommes pas cohérents.
>
> On remet sans cesse sur le tapis le problème de la remise de la dette des pays du tiers monde. Moi, je ne suis pas d'accord. Je sais que je choque en disant cela mais je persiste et signe. Parce que la plus grande partie de la dette du tiers monde se trouve dans les coffres des banques suisses ou dans

les sociétés d'investissement. On ne compte plus les châteaux somptueux achetés par des chefs d'États misérables d'Afrique ou d'ailleurs. Avant de remettre la dette, je demande qu'on remette d'abord dans les caisses ce qui a été volé aux populations. Après, oui, je serai d'accord pour éponger une partie de la dette qui restera. Et vous verrez que cela ne représentera pas tellement. Je ne peux souscrire à l'idée que nous allons payer encore et encore alors que les voleurs vont garder ce qu'ils ont volé. Agir ainsi serait les encourager à continuer.

Ce que je propose, c'est d'abord de faire le procès de la corruption. De dire : "Messieurs, où est passé l'argent ? Combien avez-vous en stock dans vos comptes numérotés ? Est-ce que cela vous appartient ? Bien sûr que non ! Alors, remettez-le dans la caisse."

Notez bien que la corruption et les corrompus ne se trouvent pas qu'en Afrique mais aussi en Occident.

Au Burkina Faso, Thomas Sankara a voulu s'atteler à ce problème. Il a voulu traduire devant des tribunaux populaires tous ceux qui étaient incapables de justifier la façon dont ils avaient gagné leur argent, tous ceux qui s'étaient enrichis en pillant les pauvres. J'ai assisté à certains de ces procès qui ont duré des jours et des jours. Cela est devenu si grave que, bien entendu, Thomas Sankara a été assassiné. Je l'ai bien connu, c'était un type courageux et d'une totale intégrité.

Si nous ne faisons pas le procès de la corruption, nous pourrons bien effacer la dette, nous la verrons revenir très vite. Posez-vous la question, demandez-vous ce qui crée la misère dans les pays sous-développés et dites-vous bien que la cause principale n'est autre que la corruption. Un Mobutu qui arrive en savates et qui finit parmi les cinquante plus grandes fortunes du monde, ce n'est tout de même pas normal. Et ils le font tous ou presque. Et dites-vous bien que les plus grands corrupteurs sont en Occident.

C'est pour cela que je ne crois guère à tout ce que j'entends sur le développement, sur l'humanitaire, etc. C'est avant tout sur l'iniquité qu'il faut travailler. Il y a des peuples qui tiennent encore debout parce que leur première et constante activité est celle de la survie alimentaire, parce qu'ils sont solides, qu'ils pratiquent l'assistance mutuelle entre les générations. C'est cette solidarité et aussi la débrouillardise qui permettent à ces peuples de tenir. Si vous voulez à tout prix les faire entrer dans votre système et les soumettre à la dictature de l'argent, vous allez les tuer.

Aujourd'hui, les Occidentaux paient des impôts pour remplir les poches de nombreux chefs d'État corrompus. Je trouve cela révoltant. Les contribuables devraient se dresser pour proclamer : "Notre argent doit servir à des actions claires et non à enrichir des roitelets africains ou à tomber dans les caisses de partis politiques ou nous ne savons où." Je parle de l'Afrique mais il en va de même en Asie et en Amérique latine, là où des fortunes exorbitantes se construisent au sein de la plus terrible misère.

Nous parlons d'amour, de générosité, de spiritualité mais la spiritualité ne consiste pas à se regarder le nombril et à faire de belles phrases. Elle doit s'incarner et prendre en charge la misère du monde. Le vrai christianisme ne peut être qu'un christianisme engagé. Il en va de même du bouddhisme ou de l'islam. »

Nous étions partis sur l'idée que, malgré les apparences, le monde risquait de connaître, dans les années ou les décennies à venir, une grave pénurie alimentaire et nous voilà sortis de nos rails. Il en va parfois ainsi avec Pierre Rabhi. Il s'enthousiasme, il s'indigne, il se laisse emporter par sa passion d'homme de convictions. On voit, dans ces moments-là, à quel point les injustices le font souffrir, on sent la compassion qu'il éprouve pour les petits de ce monde, pour les victimes, pour tous ceux qui sont broyés par les mécanismes économiques.

Cette pénurie alimentaire qu'il prévoit ne fera qu'accroître encore la différence entre pays riches et pays pauvres. Il faut donc essayer de définir ce qu'elle sera et imaginer la parade.

Enfant du désert, il s'est toujours passionné pour les aléas climatiques. Il sait à quel point la sécheresse ou les trop grandes précipitations peuvent en une saison ruiner et réduire à la famine des pays entiers. Il voit les terres arables se fragiliser partout à cause de l'emploi intensif des engrais et des pesticides, il voit progresser le désert au Sahel, les forêts diminuer à un rythme affolant dans le monde entier. Il pressent de grands changements qui pourraient très vite devenir catastrophiques.

Il est également préoccupé par l'augmentation de la croissance à l'occidentale dans certains pays, dans l'Inde par exemple ou en Chine. Selon lui, en adoptant le néolibéralisme, la Chine est en train de commettre la même erreur que l'Occident. Là-bas aussi, les paysans sont en train de disparaître. Il y a jusqu'à 10 % de croissance et les gens commencent à s'embourgeoiser, ils ne veulent plus travailler la terre. Le plus grave est qu'ils veulent manger beaucoup de viande, d'où la nécessité d'utiliser une grande partie des céréales pour nourrir le bétail.

Nous lui faisons remarquer que les Chinois ont toujours été considérés comme les meilleurs jardiniers du monde et il nous répond qu'ils le sont de moins en moins, qu'ils sont en train d'entrer dans la logique infernale faute d'avoir compris que, pour maintenir leur pays, ils doivent s'appuyer sur leurs paysans. Aucun pays ne s'est développé sans sa paysannerie. La France, par exemple, ne serait pas où elle en est si elle n'avait pas eu ses paysans. Ce sont eux qui ont servi de chair à canon pendant la guerre de 14, eux qui ont nourri le pays pendant des siècles avant de fournir de la main-d'œuvre à l'industrie et de devenir un prolétariat.

> « Quand vous examinez ce scénario, martèle-t-il, quand vous revenez sur tout ce que nous venons de dire, vous comprenez que vous n'échapperez pas à une pénurie alimentaire. Je ne vois vraiment pas comment nous pourrions y échapper. »

Encore une fois, il est bien conscient du fait que parler de pénurie alimentaire dans un monde qui croule sous les surplus, cela peut ressembler à de la provocation. Les prophètes n'ont-ils pas toujours provoqué leurs contemporains ?

En attendant, il ne se contente pas de prophétiser, il agit, il ne cesse d'agir, de mettre au point de nouveaux programmes, de nouveaux organismes, de former de jeunes agriculteurs qu'il préfère appeler des paysans.

Parmi le foisonnement de ses initiatives, prenons quelques exemples.

À tout seigneur tout honneur : parlons d'abord du compost. Lorsque le visiteur arrive chez Pierre Rabhi, à peine est-il descendu de voiture qu'il passe devant la fosse à compost, une longue tranchée d'où émergent des tas recouverts de paille. Il faut entendre Pierre Rabhi parler du compost pour comprendre jusqu'où peut aller son enthousiasme. Malgré l'aspect un peu technique, nous sommes obligés d'insister sur ce point car sans compost, il n'y aurait pas d'agrobiologie. Le compost est pour lui la clé de la nouvelle agriculture, le matériau miracle qui, s'il était bien employé, permettrait la naissance, même à grande échelle, d'une nouvelle agriculture débarrassée une fois pour toutes de ces nuisances que sont les engrais chimiques.

Tout part de l'humus et Pierre en profite pour nous rappeler que les mots humus, humanité et humilité ont étymologiquement la même racine. L'homme doit donc redonner de l'humus à la terre qu'il veut cultiver.

> « Cette symbolique, affirme-t-il, est liée au fait que la vie génère la mort et que la mort génère la vie. Cela veut dire que, depuis les origines, la vie s'est construite sur l'humus. »

Et l'homme, lui, comment s'est-il construit ? Il faut se poser cette question si l'on veut comprendre.

> « En se refroidissant, explique Pierre Rabhi, la terre a formé une calotte rocheuse qui était stérile au départ. Petit à petit, on a vu apparaître des animaux unicellulaires, des amibes dans l'eau, des micro-végétaux, ceux de l'eau ou de la terre, essentiellement sous la forme de lichens de couleur verte, bleue ou grise. Ces lichens, très adhérents à la roche, sont les premiers maillons à partir desquels s'est produite la photosynthèse, c'est-à-dire

l'énergie solaire transformée. En se dégradant, ces lichens ont amorcé le processus menant à l'homme. Leurs cadavres ont petit à petit donné un élément organique qui s'est combiné avec l'élément minéral que leurs racines sont allées chercher. Ainsi a été amorcé le premier processus.

Une fois effectuée la constitution de ce premier humus, on a vu apparaître des plantes plus importantes, des fougères par exemple, qui, en se dégradant, ont fourni encore plus d'humus. Encore plus d'humus, cela a voulu dire de nouveaux végétaux. C'est ainsi qu'il y a eu une explosion de la vie jusqu'au summum de son déploiement. Et voilà pourquoi l'humus est la clé de la vie. »

Il fallait savoir cela pour comprendre à quel point le compost est essentiel dans la méthode proposée par Pierre Rabhi. Il ne s'agit plus d'ajouter à la terre les produits chimiques qui lui manquent, il s'agit de constituer de l'humus d'une façon tout à fait naturelle. Telles sont les bases de l'agroécologie.

Concrètement, pour avoir un bon compost, il faut du fumier avec beaucoup de paille, si possible autant de paille que de fumier. Il faut que ce fumier ne soit pas trop vieux. Il perd de sa valeur si on le laisse trop longtemps sous les animaux ou dehors. S'il est trop mouillé, en effet, il faudra y ajouter encore plus de paille et dans ce cas, il risquera de devenir, selon les mots de Pierre Rabhi, « une chose lourde qui ne respire pas ». Car un bon compost doit respirer. Il s'agit en effet d'une fermentation aérobie où l'oxygène joue un rôle essentiel.

Pierre Rabhi insiste beaucoup sur la qualité de cette fermentation :

« Pour expliquer la différence entre aérobie et anaérobie, explique-t-il, j'ai envie de dire que si vous prenez de la viande et si vous la coupez en petites lanières que vous faites sécher, alors, vous pourrez la consommer. Au contraire, si vous placez cette viande dans une jarre, elle va pourrir. Donc il ne faut pas confondre fermentation et putréfaction. La fermentation, c'est ce qui intervient dans la fabrication du fromage, de la bière ou du vin. La putréfaction, c'est ce qui se produit quand vous avez des lieux clos dans lesquels se développent des germes pathogènes extrêmement dangereux.

Afin d'obtenir une fermentation aérobie, le fumier doit comporter suffisamment de paille, afin que l'air circule dans le compost et qu'il puisse ainsi respirer. Il faut donc commencer par le mettre en tas en y ajoutant si possible des cendres de bois mais pas trop, comme on met du sel dans la nourriture. Si on mettait trop de cendres, le compost serait trop potassique. Il faut ensuite saupoudrer d'argile ou de terre et terminer ainsi la première couche en s'assurant qu'elle est humide. Si elle ne l'est pas, il faut l'arroser. On passe alors aux autres couches en les accumulant les unes sur les autres jusqu'à ce que le tas fasse environ un mètre vingt de haut sur une base de deux mètres de large, le tout sur quatre ou cinq mètres de longueur.

C'est surtout la masse qui doit faire à peu près un mètre vingt de haut. La masse est très importante. Pourquoi ? Parce que si elle est trop grande, il va y avoir un étouffement au centre même du compost. Si elle est trop petite, elle ne sera pas assez efficace. Cette masse humide, il faut maintenant lui donner la forme d'une meule et la couvrir de paille, de branchages ou d'une toile qui respire. Surtout pas de plastique. Du plastique, vous pouvez en mettre éventuellement dessus si votre compost est trop exposé à l'eau. À condition qu'il ne l'empêche pas de respirer.

Je parle de respiration car il s'agit d'un organisme vivant.

Au bout de quelques jours, il va se produire ce qu'on appelle une fermentation thermophile, c'est-à-dire un échauffement. C'est comme un accès de fièvre qui provoque un assainissement. S'il y a des mauvaises graines, elles vont être détruites et ainsi de suite. Ce processus de fermentation dure à peu près trois semaines. Il faut alors enlever la couverture, retourner le compost et faire redémarrer la fermentation. Au bout de deux mois, il sera prêt.

Vous saurez qu'il est prêt lorsqu'il aura perdu sa mauvaise odeur et même que cette odeur sera agréable. C'est un organisme vivant, très fourni en bactéries. Il va servir de levain à votre terre, la revitaliser, non pas artificiellement comme avec les engrais chimiques mais d'une façon tout à fait naturelle.

Il y a des gens qui n'ont pas de fumier et qui confectionnent leur compost uniquement avec des végétaux. Cela peut se faire mais je préfère le fumier car, avec lui, nous créons une liaison entre la terre, le végétal, l'animal et l'homme. Nous sommes reliés. Dans le circuit qui nous relie à l'animal, il y a le fumier. »

Nous avons tenu à répéter intégralement ce que Pierre Rabhi nous a dit du compost. Il parle d'expérience. Au début, il l'avoue, il était un peu sceptique. Cela lui paraissait trop beau. Un peu comme une œuvre de sorcellerie. La première fois qu'il a ouvert sa fosse à compost, il l'avoue, il a été émerveillé. Ce fumier, ces végétaux, voici qu'ils étaient devenus un humus agréable à toucher et sentant bon. Comme s'il avait accéléré le processus naturel qui transforme les feuilles en humus. Comme s'il avait réalisé une véritable opération alchimique. Et il a pu constater par la suite que sa terre, qui était lourde, sèche et revêche devenait, après l'adjonction du compost, « sereine, affable, attentive à mes sollicitations ».

Ce faisant, il a eu le sentiment d'œuvrer pour l'humanité. Car plus la terre est fertile, naturellement fertile et plus on peut nourrir de personnes sur une surface donnée. « J'ignorais, ajoute-t-il, que ma démarche était tout simplement une sorte de quête inconsciente de l'esprit originel de la Terre Mère pressentie par de nombreux peuples. »

Dans son livre *L'Offrande au crépuscule*, Pierre Rabhi se fait poète pour chanter à la fois le compost, la terre qu'il vivifie et le bonheur du paysan :

> « Chaque retournement de fosse en fosse vous a permis de brasser cette matière. Elle a chauffé, transpiré, les ingrédients se sont amollis, ont bruni. Vous avez entretenu un feu modéré, introduit l'air, mêlé l'argile aux autres matériaux. Vous avez travaillé avec conscience, comme un bon boulanger et voici que vous disposez de cette chose qui sent bon…
>
> Lorsque le jour déclinera, vous ressentirez dans votre corps cette fatigue bienheureuse qui engourdit vos membres de paysan. Le soleil rougit l'horizon de l'ouest, le champ que vos efforts ont animé tout le jour se recueille dans le silence. La houe sur l'épaule, allez au plus profond de ce silence. Ne dites rien, contemplez le ciel comme dans une muette prière. Vous venez d'ensemencer la terre et votre esprit tranquille se répand dans tout l'univers… »

Voilà, tel est Pierre Rabhi, un homme heureux parce qu'il vit attentif à toutes les manifestations de la vie, immergé dans le grand bouillonnement du cosmos. Ravi. Il fait partie de ces êtres capables de s'émerveiller et c'est dans cet émerveillement qu'il puise la fantastique énergie qui lui permet d'être sur tous les fronts, de lancer encore et toujours des initiatives pour ramener à la Terre Mère ceux, si nombreux aujourd'hui, qui ne peuvent plus supporter l'univers artificiel dans lequel on les fait vivre. Ses initiatives sont parfois si insolites qu'elles ressemblent à des défis. Les titres mêmes sont tout un programme.

« Un hectare, un habitat, une famille », par exemple. Cela semble fou à l'heure où le credo officiel affirme qu'il faut supprimer les petits paysans, les petites exploitations pour créer des surfaces de plus en plus vastes. Que cette façon d'agir soit un échec, il suffit d'ouvrir les journaux télévisés pour s'en convaincre. Tous les jours, dans tous les pays soi-disant développés, nous assistons à des manifestations de paysans, les tracteurs sont dans la rue et du fumier est déversé devant les préfectures. Les agriculteurs pleurent misère, ils croulent sous le poids des dettes.

Quand l'agriculture devient une industrie, elle ne nourrit plus son homme. Oui, le projet « un hectare, un habitat, une famille » proposé par Pierre Rabhi peut faire figure de dangereuse utopie. Il y a là de quoi faire hausser les épaules aux technocrates des divers ministères de l'Agriculture à travers le monde. Aller à contre-courant à ce point-là, cela frise la provocation. Encore faut-il savoir qu'il ne s'agit pas, bien sûr, de faire vivre une famille sur un hectare mais de produire au moins la nourriture dont elle a besoin.

La force de Pierre Rabhi, c'est qu'il parle de ce qu'il connaît. Il a prouvé, répétons-le, qu'avec une petite exploitation, sur une terre « revêche » comme il dit, dans la pierraille, il est possible, pendant des décennies, de nourrir une famille nombreuse et d'élever des enfants qui font leur chemin dans la vie, un beau chemin. Ce qu'il a fait, d'autres peuvent le faire, des centaines et – pourquoi pas ? – des milliers d'autres.

Pour en arriver à cette idée de « un hectare, un habitat, une famille », Pierre Rabhi a commencé par analyser l'évolution de la société dite industrielle. À ses yeux, elle est arrivée aux limites extrêmes de sa logique. Nous avons connu « les trente glorieuses », ces années d'un développement qui semblait devoir durer toujours. L'activité était telle, les richesses s'accumulaient à une telle allure que les gens des campagnes, par centaines de milliers, ont accéléré leur émigration vers les villes. Celles-ci sont devenues des mégapoles sans âme, de plus en plus difficiles à gérer. Cet état de choses a provoqué et provoque encore des déconvenues. Il est de plus en plus difficile de vivre dans l'agitation, la pollution, les embouteillages, les violences de toutes sortes des grandes cités et de leurs banlieues. Cela en plus du fait que le chômage ne faiblit pas, quoi que l'on en dise, et qu'il devient de plus en plus évident que nous ne reviendrons jamais d'une façon durable au plein emploi.

L'expansion qui n'en finit plus, les richesses qui ne font que s'accroître pour tous, voilà des rêves auxquels, si l'on en croit Pierre Rabhi, nous allons devoir renoncer.

Lorsque les Rabhi se sont installés dans leur ferme, il y en avait cinq autres en activité autour d'eux. Aujourd'hui, ils sont seuls. Il n'y a guère que des résidences secondaires pour apporter un peu de vie mais c'est une vie intermittente et qui coûte plus cher aux communes qu'elle ne leur rapporte. Il en va de même, avec des nuances, dans tous les pays industrialisés.

Voici des années déjà que Pierre Rabhi le constate : lui qui n'arrête pas de donner des conférences ici ou là, partout où on le demande, il rencontre de plus en plus souvent des êtres jeunes qui étouffent dans les villes ou les banlieues et qui aspirent de toutes leurs forces à une vie rurale. Ils rêvent d'une petite maison à la campagne, d'un peu de terre à cultiver, d'une vie saine, d'un air pur à respirer… Ils rêvent mais ce rêve-là, ils ne savent pas comment le réaliser. Ils en ont assez de vivre dans des petits logements qui ne sont en fait que des placards, assez du métro, des embouteillages, des mauvaises odeurs, des salaires qui leur permettent tout juste de joindre les deux bouts. Ils voudraient s'en sortir mais ils ne savent pas comment.

« Si la société semble encore prospérer, affirme Pierre Rabhi, c'est parce que les gens endurent. Cela, les gouvernements refusent de le comprendre. Cette prospérité dont nous sommes si fiers, elle continue parce que les gens courbent l'échine, se serrent la ceinture, acceptent. Donc ce n'est pas vraiment une prospérité partagée, elle ne génère pas de réel bien-être. Qu'ils le sachent ou non, ce sont ces tristes réalités qui poussent de plus en plus d'êtres à vouloir changer de vie et, pour cela, habiter dans un milieu rural. Je me suis dit qu'il fallait les aider et, dans ce but, mettre au point un "module". D'abord, il fallait déterminer une surface optimale, une surface constituant une unité pratique et rationnelle. Cette surface pourrait être d'un hectare. La première chose à faire, bien entendu, serait d'installer un logement sur cet hectare. Il est aujourd'hui possible d'avoir un habitat agréable à des prix relativement bas. Un habitat modulable aussi, car on ne peut pas tout avoir la première année, une maison qu'on bâtit soi-même et qu'on peut agrandir selon la nécessité, car si on doit la faire construire par les méthodes habituelles, c'est tout de suite trop cher. Nous sommes à même d'aider ceux qui s'installent en les conseillant, en les faisant profiter de notre expérience. Une fois ce problème réglé ou en voie de règlement, les aspirants ruraux peuvent aménager leur terrain, l'entourer d'une haie vive, y planter des arbres pour avoir de l'ombrage, démarrer le potager, avoir deux chèvres, un poulailler, un rucher… Telle est la base nécessaire pour mener une vie harmonieuse.

Ce que je vous dis là n'a rien à voir avec l'utopie. Nous l'expérimentons depuis 1994 au sein d'un organisme, le Ciepad, dont nous parlerons plus loin[1]. Je voulais démontrer qu'il est possible d'obtenir des résultats, même sur une terre aride. Nous avons confié un hectare à plusieurs familles et nous leur avons dit : "Allez-y ! N'attendez plus, commencez !"

Cela a été une expérience passionnante. Au début, ils ont grattouillé la terre et en ont retiré un petit plus en même temps qu'ils allaient chercher un complément de ressources à l'extérieur. Ce recours à l'extérieur s'est réduit tout naturellement au fur et à mesure que leur terre s'est améliorée.

Dès 1997, les gens que nous avions mis au travail ont commencé, les uns après les autres, à produire eux-mêmes leur nourriture. Les plus entreprenants ont commencé à faire profiter de leur expérience les nouveaux venus à la terre, ils ont organisé des stages de formation. En même temps, ils sont arrivés à produire suffisamment pour se constituer une clientèle. À Montpellier, par exemple, des néoruraux livrent, tous les vendredis, par abonnement à une trentaine de familles, des produits de première fraîcheur, des légumes de saison, des œufs, du fromage, etc. Cela leur procure un revenu régulier et leurs clients sont certains d'avoir des produits rigoureusement biologiques.

Je pourrais donner d'autres exemples. Bien entendu, chaque cas est un cas particulier. Il y en a qui démarrent mieux que d'autres mais la preuve

1. Le Ciepad n'existe plus depuis 1994.

est faite que cette formule est viable et qu'une famille peut se nourrir d'une façon satisfaisante en cultivant un hectare.

Pour rendre cela encore plus évident, nous sommes en train de créer, toujours sur un hectare, une exploitation expérimentale au Mas de Beaulieu, tout près d'ici, dans une petite ferme que nous avons pu acheter grâce à l'aide de nos amis. Sa vocation : produire, expérimenter et proposer des stages de formation pour aider les futurs paysans à se lancer.

Je vous l'ai dit, je vois de plus en plus de jeunes qui aspirent à quitter la ville pour mener une vie simple et laborieuse dans des zones rurales. C'est un phénomène en pleine expansion et qui touche toutes les nations industrialisées, un phénomène qui ne peut que s'amplifier. Ces gens sont pleins de bonne volonté, ils sont courageux mais inexpérimentés. Notre rôle est de les aider, de les accompagner pour qu'ils aient moins peur, qu'ils prennent enfin confiance en eux. Si on les accompagne, ils auront plus de courage, si on les aide du point de vue technique, ils vont démarrer dans de bien meilleures conditions. C'est ce que nous faisons au sein d'une structure que nous appelons Terre & Humanisme.

Nous y organisons des stages d'une semaine, stages d'initiation à la terre, de jardinage naturel et d'écologie pratique. Ces stages comportent deux niveaux, l'un pour les débutants, l'autre pour ceux qui aspirent à se perfectionner. Ce sont des stages d'agronomie élémentaire qui permettent de construire son jardin, de le cultiver en respectant la terre, de réaliser un compost, de choisir les plantes selon le lieu, de faire un calendrier… en fait d'aborder tous les problèmes qui se posent pour démarrer. Cela, nous pouvons le réaliser car nous avons le savoir-faire. D'ailleurs, je ne me permettrais pas de théoriser sur un sujet que je n'aurais pas moi-même mis en pratique.

C'est déjà un miracle que nous ayons pu acheter le domaine du Mas de Beaulieu pour y organiser ces formations. Il y a aujourd'hui plus de quatre cent cinquante personnes qui nous soutiennent. Les parts valent cinq cents francs chacune mais il y en a, bien sûr et heureusement, qui en ont souscrit plusieurs[1]. J'ai beaucoup d'amis en France et de par le monde et je peux dire que Beaulieu, c'est le miracle de l'amitié.

Vous savez, parmi tous ces gens qui ont le désir de venir à la terre, il y a un peu de tout, des gens pratiques et des rêveurs. Notre rôle est d'abord de les aider à mettre de l'ordre dans leur esprit, de ne plus les laisser tirer à hue et à dia. Notre expérience a fait de nous des gens très posés, très précis et très analytiques. Cela nous amène, par exemple, à proposer des échéanciers rigoureux, à dire, compte tenu de la situation, ce qu'il va falloir faire la première, puis la deuxième année… sans cette rigueur, l'expérience peut se révéler trop dure. Je ne souhaite pas que les gens qui veulent faire ce que nous avons fait connaissent les mêmes difficultés que

1. En 2012, le nombre de souscripteurs de la SCI est de 644. La part s'élève à 76,22 euros.

nous. Notre tâche première est de partager notre expérience pour les aider à s'organiser.

Ils viennent pour la plupart de la ville, il faut d'abord qu'ils s'adaptent à la campagne et ce n'est déjà pas toujours facile. Même s'ils doivent, pour un temps, avoir des activités à côté, un petit boulot s'ils ne peuvent trouver mieux, il faut qu'ils comprennent que la terre est le fondement de tout et que le reste est aléatoire. Dans le monde tel qu'il est, excusez-moi de le répéter mais c'est essentiel, la seule valeur sûre, c'est la terre. Ne sont vraiment en sécurité que ceux qui sont capables de produire leur propre nourriture. »

Ce qui nous passionne chez Pierre Rabhi, c'est qu'il n'arrête pas de créer. Il aurait pu se contenter de vivre heureux sur sa ferme, au sein de sa famille, se désintéresser du reste du monde, jouir de l'air pur et du silence. Après tant d'années de dur travail, son expérience est une réussite. Année après année, il est parvenu, sur ses cinq hectares, à dégager un revenu suffisant pour vivre dans l'harmonie.

Il aurait pu… mais il y a en lui une force qui le pousse à aller toujours au-delà, un amour de l'autre et un amour de la terre qui font de lui un réalisateur passionné. Après sa ferme, après son aventure africaine dont nous parlerons plus loin, après l'organisation de ses stages, après « un hectare, un habitat, une famille », voici qu'il s'est lancé dans un projet qu'il a nommé « Oasis en tous lieux ».

Jamais en effet il n'a oublié qu'il était un homme de l'oasis.

Pour lui, elle symbolise l'obstination de la vie même dans les lieux les plus déshérités. Elle porte en elle le gazouillis de l'eau, les palmiers qui se balancent dans le vent, le braiment des ânes, le bruit du marteau sur l'enclume, le mystère des caravanes en route vers l'inconnu, la douceur d'une vie quotidienne loin de l'agitation du monde extérieur. L'oasis, c'est aussi la sécurité, la certitude que la nature est fidèle, la solidarité entre ceux qui l'habitent... Cette sécurité, ce bonheur de vivre, voilà à ses yeux ce qui manque le plus aux hommes d'aujourd'hui. Ce n'est pourtant pas une fatalité et c'est pourquoi il rêve de créer un peu partout ce qu'il appelle les « Oasis en tous lieux ».

L'idée de base est qu'il n'est pas nécessaire pour être heureux d'encombrer sa vie de tant d'inutilités qui coûtent si cher et qui, finalement, donnent si peu de satisfactions. On peut donc se contenter de l'essentiel et les hommes ne doivent en aucun cas se laisser confisquer la capacité qu'ils ont à se nourrir en produisant localement leur nourriture. Le système est tel aujourd'hui qu'il faut consommer des millions de tonnes de pétrole pour aller chercher bien loin des fruits, des légumes et de la viande qui peuvent être produits sur place ou au moins à proximité. Là est la sécurité. Car le système actuel est fragile. Il suffirait par exemple, pour le désorganiser, d'une pénurie de pétrole.

Nous sommes donc condamnés à changer de logique et cela veut dire que nous devons nous acharner à éviter le plus possible d'avoir recours aux transports, à produire et à consommer localement. La plus grande partie de notre nourriture doit être produite sur place.

Lorsque Rachel lui demande : « Mais alors, je n'aurai plus de pamplemousses ? », il répond : « Vous n'en mourrez pas ! » Dans son esprit, cela ne signifie pas qu'il ne doit plus y avoir d'échanges. Au contraire, mais au moins l'essentiel de la nourriture devrait être produit sur place.

> « Dans le désert, dit-il, nos ancêtres ont créé des oasis, si bien que, même au sein d'un milieu inhospitalier, ils ont pu eux-mêmes assurer leur propre subsistance, qualitativement et quantitativement. Ils ont organisé un système social fondé non sur la communauté mais sur le chacun chez soi. Dans l'oasis, chacun est responsable de sa propre survie mais au lieu d'agir dans la solitude et isolé des autres, il est proche des gens qui partagent les mêmes valeurs. C'est à partir de là qu'on peut commencer à parler d'organisation. Il peut y avoir des espaces individuels et des espaces collectifs.

Chacun peut avoir son jardin pour y cultiver les légumes qu'il préfère mais on peut se mettre aussi à plusieurs pour cultiver des surfaces plus importantes et se partager les fruits du travail commun.

Il ne s'agit pas d'utopie car ce système fonctionne dans le désert depuis des millénaires et donne toute satisfaction. Il pourrait durer indéfiniment s'il n'était pas menacé par la modernité.

Rien ne nous empêche d'adopter ces valeurs et de les mettre en pratique sur notre propre sol, où que nous soyons. »

Montchamp, le domaine des Rabhi, n'est-il pas une oasis au cœur de l'Ardèche ? Ce qui manque encore à Pierre, ce sont des voisins animés de la même foi que lui. Car avec son tracteur et son petit matériel agricole, il s'estime suréquipé.

« Si j'avais des gens à proximité, dit-il, nous pourrions mettre le matériel en commun et s'il y avait une surface assez grande pour cultiver, par exemple, des céréales, nous pourrions le faire ensemble. Par contre, chacun serait responsable de son jardin et de ses animaux. »

Tout cela repose sur un document intitulé « Manifeste sur les oasis en tous lieux » issu d'un travail de groupe sous sa direction. Ce manifeste définit aussi clairement que possible les critères sur lesquels se fondent les oasis. On peut se le procurer auprès du mouvement. Voilà ce qu'il propose à des petits groupes de volontaires. Calqués sur l'oasis qu'il a connue dans son enfance, des lieux de solidarité où chacun connaîtrait la sécurité tout en conservant sa liberté. Des lieux où les vieilles personnes, loin d'être marginalisées, auraient leur rôle à jouer. Des lieux où les enfants, en cas de besoin, en cas de maladie par exemple ou d'absence des parents, seraient pris en charge par la communauté. Des lieux qui ne se fermeraient pas sur eux-mêmes mais qui, au contraire, auraient des liens avec les villages ou les hameaux voisins et pourraient jouer leur rôle au sein de la municipalité.

Cela fait quatre ou cinq ans que Pierre Rabhi a lancé cette idée et, déjà, elle fait son chemin. Plus d'un millier de personnes font partie du réseau, ici ou là. Il y a quarante groupes en France, deux en Belgique et un en Suisse. Tous les deux mois, ces groupes se rencontrent, se concertent, mettent en commun leurs expériences[1].

Il est encore trop tôt, bien sûr, pour faire état de résultats spectaculaires. Ces groupes doivent évoluer par eux-mêmes. Pierre Rabhi a donné l'impulsion mais il a décidé par la suite de se tenir à l'écart. Il est toujours disponible pour faire part de

1. Aujourd'hui, le projet des Oasis en tous lieux regroupe deux cents adhérents dont vingt et une associations et onze lieux existants (oasis, écolieux), tous unis autour des idées forces du *Manifeste des Oasis en tous lieux* rédigé par un collectif animé par Pierre Rabhi. Voir le site www.oasisentouslieux.org pour plus de détails.

ses idées mais il ne veut pas devenir une sorte de gourou, il ne veut rien imposer, il souhaite que les choses évoluent d'elles-mêmes au rythme des initiatives de chaque groupe.

Il aime citer l'exemple du monastère orthodoxe de Solan dans le Gard. Il y a là une petite communauté de moniales qui, se trouvant du jour au lendemain à la tête d'un domaine de soixante hectares et ne sachant pas trop par où commencer, a entendu parler de Pierre Rabhi et de son action. Les moniales ont donc fait appel à lui et il est venu. Il leur a démontré que ce domaine était tout à fait suffisant pour assurer la subsistance d'une quarantaine de moniales, il leur a enseigné ses méthodes, les a amenées à concevoir un rapport nouveau avec la terre dans le respect total de l'environnement. Il les a encouragées à créer un conservatoire des espèces, à accueillir des stagiaires, surtout dans le domaine du maraîchage. Les moniales ont appris les finesses de l'agrobiologie, sont devenues expertes dans la fabrication du compost et dans le jardinage. Elles ont rénové la vigne qui existait déjà sur place et elles produisent aujourd'hui un vin qui commence à faire parler de lui dans la région.

Ces moniales n'étaient pourtant pas agricultrices ou viticultrices au départ et leur expérience prouve qu'on peut apprendre rapidement à utiliser l'agrobiologie et obtenir très vite d'excellents résultats. À condition, bien sûr, de s'y mettre avec foi et d'accepter de travailler dur.

Le grand espoir de Pierre Rabhi, c'est que des expériences de ce type surgissent un peu partout et qu'il y ait bientôt, dans nos pays occidentaux, des milliers de lieux où des hommes et des femmes puissent vivre heureux, loin des fumées de la ville, loin du stress et des tensions multiples générées par la vie moderne. Des gens qui apprennent à être, quoi qu'il arrive, riches de cette sécurité essentielle qui consiste à produire soi-même sa propre nourriture et celle de sa famille.

> « Si tu veux être heureux une journée, tue ton cochon ; si tu veux être heureux une année, marie-toi ; si tu veux être heureux toute ta vie, fais-toi jardinier. »

Pierre Rabhi aime citer ce proverbe chinois tout en reconnaissant que, dans son cas, tout comme le jardin, le mariage a été le bonheur de toute son existence.

> « Bien sûr, ajoute-t-il, je suis un jardinier inconditionnel et je jardinerai tant que j'aurai du souffle.

Je trouve que ce rapport à la terre est extraordinaire et d'une grande beauté. La terre, il faut la comprendre, la saluer, reconnaître qu'elle est sacrée et la nourrir pour qu'elle nous nourrisse. Il m'arrive de la comparer à une femme qui allaite et dont je serais l'enfant. Elle fait plus, elle me relie au cosmos, à la cadence de la vie. Elle m'apprend la vigilance car, avec elle, il faut faire les choses au bon moment, respecter les cycles qui reviennent année après année. Elle m'oblige à avoir un programme de travail très précis.

Elle nous apprend la patience, nous oblige à nous adapter au temps qu'il fait, à la sécheresse, à l'excès de pluie, au gel… Avec elle, il ne faut jamais désespérer. Ce qui n'a pas réussi une année réussira l'année suivante. Cette année, par exemple, mes tomates ont été une catastrophe. Je ne comprends pas ce qui s'est passé mais cela ne m'empêchera pas d'en semer de nouveau l'année prochaine. Et puis il y a, dans le compagnonnage avec le jardin, la beauté du silence, le rapport alchimique à la vie. »

Rachel lui fait remarquer qu'il devrait être satisfait car, d'après les statistiques, une proportion énorme de Français cultivent leur jardin. En vérité, il ne l'est pas réellement.

« Malheureusement, explique-t-il, les jardiniers amateurs sont souvent aussi nuisibles que certains maraîchers car nombreux sont ceux qui utilisent à tort et à travers des substances chimiques dangereuses. Je serais heureux s'il s'agissait de jardiniers respectueux de la terre. S'ils se contentent de prendre un morceau de terre pour y déverser des engrais chimiques et tous les pesticides vantés par la publicité, mieux vaudrait, dans ces conditions, qu'ils renoncent à cultiver leur jardin.

C'est bien pour cela que j'attache une telle importance à la formation des jardiniers, que Terre & Humanisme organise pour eux des stages et que j'encourage tous ceux qui me sont proches à en organiser eux-mêmes.

Il y a certes, ajoute-t-il, des gens qui, à force d'engrais, obtiennent des légumes deux fois plus gros que la normale, mais ce sont des légumes forcés et empoisonnés. Je demande avant tout à mes stagiaires de jardiner avec finesse. Si vous semez des carottes, par exemple, vous devez savoir qu'elles sont capricieuses et qu'une fois germées il faut les éclaircir avec rigueur, leur laisser assez d'espace dès qu'elles commencent à pousser. Je sais, c'est difficile et certains jardiniers ont du mal à faire ce sacrifice. Alors je leur dis : "N'hésitez pas, bloquez votre cœur et soyez sans pitié. Sans cela vos carottes ne donneront rien." Il en va de même lorsqu'il faut herser le blé. Cela peut donner une impression de gaspillage. Un vieux proverbe recommande : Quand tu herses ton blé, ne te retourne pas. »

On a du mal à croire que cet homme ait le temps de faire son jardin. Ne vient-il pas de nous dire qu'il passe beaucoup de temps dans les avions, en route vers le Burkina Faso, la Mauritanie, le

Mali, la Tunisie et vers d'autres lieux encore où on le réclame ?

> « Mon jardin, explique-t-il, je m'en occupe au moment le plus important, au printemps. Je commence à faire mes plants au mois de février. J'ai mon calendrier et ma secrétaire le tient à jour. Elle sait que, quoi qu'il arrive, elle doit me dégager du temps au printemps. »

Étrange jardinier, vraiment, qui tout en semant et en éclaircissant ses carottes et ses radis, passe le temps qu'il ne passe pas sur ses terres à tout mettre en œuvre pour sauver la planète qu'il juge en danger de mort. C'est ainsi qu'en 1989 il a créé le Ciepad, le Carrefour international d'études et de pratiques appliquées au développement, une formule bien compliquée pour un projet, somme toute, assez simple.

Tout a commencé par une proposition qu'il a faite au Conseil général de l'Hérault, lequel, grâce à la loi de décentralisation, a pu créer une agence foncière pour acheter un certain nombre de domaines qui risquaient de devenir la proie de la spéculation. Avec le soutien de MM. Edgar Pisani et Saumach (qui était alors le président du Conseil général) celui-ci a décidé de confier six cents hectares à Pierre Rabhi pour qu'il fasse l'essai d'une agriculture nouvelle. Il s'agissait donc d'un véritable laboratoire d'expérimentation à grande échelle. Ce territoire comprenait deux structures bâties. L'une a été restaurée par des chantiers de jeunes tandis que l'autre, en bon état, permettait d'accueillir en stages de formation de quarante à cinquante personnes.

Pierre Rabhi s'est lancé dans l'aventure avec enthousiasme. C'était pour lui une chance de pratiquer enfin l'agrobiologie sur une quarantaine d'hectares et d'éduquer des centaines de jeunes, de proposer de nouvelles méthodes de culture respectueuses de l'homme et de l'environnement, d'organiser des rencontres sur des thèmes essentiels tels que la mondialisation, le rapport entre l'écologie et l'économie, la condition humaine dans la modernité, etc. Tout cela en mettant en valeur, selon les méthodes de l'agrobiologie, des parcelles expérimentales de garrigue sèche. C'est là que, pour la première fois, de jeunes agriculteurs en formation ont commencé à produire ce qu'ils appellent des « paniers solidaires », c'est-à-dire ces fameux paniers qu'ils vont livrer chaque semaine à des habitants des villes et dont nous avons parlé plus haut.

Une autre grande activité du Ciepad consiste à accueillir des « classes vertes », des classes de découverte pour de jeunes enfants qui n'ont jamais vécu à la campagne. Là, ils découvrent la vraie écologie, ils apprennent à planter des arbres, à faire du compost, à travailler un bout de jardin. Dans ce cadre, l'agriculture redevient vivante, elle cesse d'être une spéculation, une activité purement économique pour se muer en activité aussi intéressante qu'épanouissante.

Ce qui est passionnant chez Pierre Rabhi et explique ses multiples initiatives, c'est qu'il est avant tout un lanceur d'idées. Si l'un de ses projets commence à fonctionner comme il faut et s'il a le sentiment qu'il peut continuer sans lui, il est tout à fait capable de se retirer pour aller voir ailleurs, lancer d'autres projets et d'autres encore. Tout en continuant, répétons-le, à faire son jardin comme un vrai jardinier.

En réalité, il est arrivé un moment où il a eu le sentiment que le Ciepad était en train de devenir une institution, que certains même s'y installaient pour trouver une sécurité salariale sans trop se soucier de participer à une belle aventure.

> « Je crois à l'aventure, affirme-t-il, je n'ai jamais eu le culte du salariat. Mes enfants ne l'ont pas non plus. C'est une attitude mentale. Il y a deux approches dans la vie : soit on dit : "J'échange mes compétences contre un salaire", ou soit : "Je m'aventure moi-même et je crée mes propres ressources." Ces deux attitudes sont respectables mais je préfère la seconde. Il y aurait beaucoup à dire sur le culte du salariat. »

Pierre Rabhi reste attaché au Ciepad mais il a pris du recul. Il anime maintenant des structures moins lourdes et, en particulier, l'association des Amis de Pierre Rabhi, devenue l'association Terre & Humanisme en 1999, dont il est aujourd'hui président d'honneur. Ce sont justement ses nombreux amis qui ont pris cette initiative. Ils le voient vivre depuis plusieurs années déjà, c'est-à-dire qu'ils sont conscients de ses difficultés, savent qu'il travaille sans compter, donne son temps et, souvent, perd de l'argent. Certains ont même eu parfois l'impression que, s'ils ne venaient pas à son secours, il risquait de faire naufrage. Alors ils se sont mobilisés, ils ont manifesté leur solidarité.

Ils ont d'abord considéré qu'il avait besoin d'un centre d'expérimentation. Ils ont trouvé, tout près de chez lui, la maison du Mas de Beaulieu dont nous avons déjà dit quelques mots, ils ont créé la société civile immobilière. Très vite, les souscripteurs ont afflué.

> « Au moins, explique Pierre Rabhi, cela ne trompe pas. Si les gens ont donné de l'argent, c'est qu'ils croyaient à mon projet. Je suis heureux de cette confiance mais, en même temps, un peu angoissé car c'est une rude responsabilité. Je n'ai pas le droit de décevoir mes amis. Mon credo de base, c'est que cet argent doit être géré sans le moindre gaspillage. C'est pourquoi nous avons évité les structures trop lourdes. Par exemple, j'ai refusé de m'occuper de l'accueil des stagiaires, ce qui aurait demandé trop de travail. Les stagiaires

peuvent aller dans les petits hôtels de la région, dans les gîtes ruraux et chez les sœurs de la maison diocésaine de Lablachère, qui sont pour nous des complices et des amies[1]. Nous avons ainsi le sentiment de participer au développement local. Nous ne sommes pas coupés de la population.

Je voudrais maintenant parler du problème des semences qui est à mes yeux un problème crucial. Depuis quelques dizaines d'années, dans le monde entier, l'agriculture connaît une révolution silencieuse. La presse n'en parle pas et nombreux sont les agriculteurs qui ne semblent pas en être conscients. Petit à petit et dans l'indifférence générale, des milliers de variétés de semences disparaissent et c'est irréversible car une fois qu'elles ont disparu, il n'y a aucun moyen de les faire revivre.

Pourquoi cela ? À cause de l'invasion des semences sélectionnées par les grands fabricants qui sont maintenant à la tête de gigantesques entreprises multinationales. C'est un des plus grands scandales de notre époque. Autrefois et depuis toujours, les paysans produisaient eux-mêmes leurs propres semences. Il s'agissait la plupart du temps d'espèces tout à fait adaptées à leur terre et à leur climat. Aujourd'hui, à force de propagande, une propagande qui ressemble à un lavage de cerveau, on leur a affirmé qu'ils devaient acheter leurs semences chez les semenciers et ceux-ci, bien entendu, leur vendent des hybrides, c'est-à-dire des graines qu'il faut renouveler tous les ans et qui – ce n'est pas un hasard – ont besoin de beaucoup d'engrais

1. Les sœurs n'assurent plus l'accueil désormais.

et de pesticides. Le système est bien étudié. On n'en sort pas. C'est un délit contre l'humanité commis sous nos yeux et perpétré jusque dans les pays les plus pauvres.

Voici quelque temps, je suis allé rendre visite à un paysan africain que j'avais déjà rencontré l'année précédente. Avec fierté, il m'avait montré son champ de tomates et il est vrai qu'elles étaient magnifiques. Lors de cette seconde visite, je l'ai retrouvé en larmes. "Je n'y comprends rien, m'a-t-il dit. J'avais si bien réussi l'an dernier que, cette année, j'ai fait encore plus de tomates. Regarde : les pieds sont magnifiques mais il n'y a pas une tomate dessus !" Il s'est tout simplement passé que, l'année précédente, ce malheureux paysan avait reçu en cadeau un paquet de graines hybrides. Personne ne lui avait dit qu'elles l'étaient et que ses semences, par conséquent, n'étaient pas fertiles. Si on ne faisait rien pour lui, il devrait chaque année acheter ses semences chez un gros producteur international. C'est ainsi que les pauvres sont aujourd'hui contraints d'enrichir les grosses firmes multinationales.

Les conséquences sont que les variétés traditionnelles disparaissent à toute vitesse. Au Burkina Faso, par exemple, les marchands de graines ne proposent plus que trois variétés de tomates. Cela veut dire que des dizaines d'autres variétés vont être éradiquées, alors qu'elles étaient souvent les mieux adaptées au pays. Il en va ainsi dans le monde entier pour toutes sortes de semences. Quel incroyable appauvrissement ! Et cela se fait sans bruit, sans même que personne ne s'en aperçoive, au nom de je ne sais quel progrès.

J'ai donc décidé de me battre contre ce scandale et de créer au Mas de Beaulieu un conservatoire de semences. Cela avec l'appui et la complicité de l'association Kokopelli qui, avec d'autres semenciers, fait un travail remarquable pour la préservation de la biodiversité. C'est une œuvre de grande envergure et qui permettra, je l'espère, de sauver ce qui peut encore l'être. Il s'agit essentiellement, bien entendu, de semences reproductibles. Même pour moi, si je reprends l'exemple des tomates, je peux sélectionner les graines qui conviennent le mieux à ma terre et au climat de cette partie de l'Ardèche. La diversité est immense mais, si nous laissons faire, elle va se rétrécir comme une peau de chagrin.

Les grandes compagnies ne pensent qu'à la rentabilité. Elles ont donc intérêt à standardiser, à créer le moins de variétés possible. C'est un délit contre l'humanité. C'est ahurissant ! Chaque année des milliers d'espèces disparaissent ainsi, des amandes, des pommes, des prunes, des poires, des céréales et tous les légumes possibles et imaginables. On pousse les jardiniers et les agriculteurs à adopter des espèces comme les pommes Golden au détriment de dizaines d'autres mieux adaptées et bien meilleures au goût.

Et c'est irréversible, c'est une catastrophe. Pour bien comprendre ce que sont les hybrides, vous pouvez prendre l'exemple de la jument et de l'âne. Ils font les mules et les mulets, de beaux produits mais qui ne se reproduisent pas. C'est la même chose avec les plantes. Avec les animaux aussi. Voyez les poules : autrefois, elles pondaient, elles couvaient et il en allait ainsi depuis la nuit des temps. C'était leur moyen de se reproduire naturellement. C'est fini. Aujourd'hui, il faut acheter des poussins de un jour et les nourrir des granulés du commerce. Sans cela, ils crèvent.

Je vais vous raconter une histoire exemplaire : en 1971, des chutes de neige très abondantes se sont produites dans la vallée du Rhône. Beaucoup de gens ont été bloqués. Avec ma jument, je pouvais aller partout mais les voitures, elles, ne passaient pas. Or il y avait dans la région un élevage de pintades. Au bout de quelques jours, l'éleveur a manqué de granulés. Il a demandé à un voisin de le dépanner avec quelques sacs de blé. Il a donc mis ce blé dans les mangeoires mais les pintades ne l'ont pas consommé. Elles ne connaissaient que les granulés et elles se sont laissées mourir de faim devant ce blé. Cela paraît surréaliste, incroyable, mais quand vous avez conditionné les animaux, au bout d'un temps plus ou moins long, ils oublient leur nourriture naturelle. Ne vous étonnez donc pas si les poules refusent maintenant de couver. Elles en ont perdu l'habitude puisqu'on leur donne maintenant des poussins de un jour.

Ainsi, quantité de races disparaissent chez les porcs, les canards, les moutons, les poules, etc. C'est d'autant plus dommage qu'elles étaient parfaitement adaptées à leur environnement, qu'elles étaient beaucoup moins malades et donc qu'elles avaient beaucoup moins besoin de traitements. Elles étaient d'une robustesse extraordinaire, nombreux sont les paysans un peu âgés qui peuvent en témoigner. La nature avait bien fait les choses.

Maintenant, demandez aux paysans qui vous entourent et ils vous diront qu'ils sont sans cesse obligés de faire appel au vétérinaire.

Tout cela à cause du sacro-saint business.

Je voudrais pouvoir réagir, venir au secours des paysans, surtout des petits, dans mon pays comme dans les pays les plus pauvres. Il est tragique de voir à quel point ils sont dans l'impasse. Je me dis que je détiens un savoir-faire, que j'ai vécu une expérience unique et que, fort de cette expérience de plus de quarante années, je pourrais vraiment les secourir. Hélas ! Je n'en ai pas les moyens.

Je passe mon temps à expliquer que l'humanité a pu survivre jusqu'à maintenant grâce à son patrimoine végétal et animal et que celui-ci, aujourd'hui, est en danger. Je parle, je parle, les gens écoutent et puis ils pensent à autre chose. Les politiques sont avertis mais ils ne font rien. D'ailleurs, face aux grands trusts internationaux, croyez-moi, ils ne font pas le poids.

Alors je me bats avec mes armes. C'est ainsi que je viens d'apporter de grandes quantités de semences au Burkina Faso, des semences sauvegardées et adaptées aux besoins des paysans de là-bas. Je reconnais que c'est un coup de couteau dans le dos des semenciers mais c'est de bonne guerre. Je m'appuie beaucoup sur les femmes. Elles sont plus près de la nature, elles ne se laissent pas circonvenir, elles comprennent beaucoup mieux que les hommes l'importance de ces problèmes.

Je fais la même chose en France. Cette année, nous avons mené une campagne sur les variétés de tomates. Elles sont meilleures les unes que les autres.

Des délices alors que, vous l'avez sans doute remarqué, les tomates "officielles" ont de moins en moins de goût.

Vous allez sans doute me mettre en garde, me dire que je ne suis pas en train de faire ami-ami avec les grandes boîtes de semences. Je le sais et cela ne m'amuse pas mais il ne s'agit pas de choses anodines. Il s'agit de l'avenir de nos enfants. Nous ne pouvons pas laisser la fripouillerie internationale détruire leur avenir.

Vous allez aussi me dire que j'utilise de grands mots mais cela me rend malade de voir ce qui se passe. Comme je suis malade de voir des enfants mourir de faim. Ce n'est pas une idée, croyez-moi, j'en vois à chacun de mes voyages en Afrique. Alors que ce problème de la faim dans le monde est bel et bien lié à l'égoïsme de nos sociétés. Nous avons la capacité de nourrir tout le monde, à condition de donner à ce problème la priorité absolue.

Nous n'avons aujourd'hui que le mot "développement" à la bouche mais le développement est à la fois un concept moderne et une réalité millénaire. Depuis les origines, les êtres humains n'ont cessé de se développer. Ni vous ni moi ne serions là si nos ancêtres n'avaient pas su se développer. Un quiproquo est apparu au moment de l'industrialisation : il y a eu d'un coup les pays industrialisés et les autres. On a alors déterminé des critères de développement. Cela voulait dire qu'un pays devait avoir un produit national brut de tant pour être considéré comme développé. À partir des années soixante, on a vu arriver dans les pays "non développés" de véritables missionnaires du développement avec leurs recettes toutes faites. De même que l'Église avait envoyé des missionnaires pour convertir les gens au christianisme, de même il y a eu des missionnaires du développement. Mais ce dont on n'a pas tenu compte, c'est que le développement à la mode occidentale est extrêmement dispendieux, c'est-à-dire qu'il n'est pas, loin de là, reproductible dans tous les pays. En fait, sous la forme qu'on lui a donnée, il ne leur est pas accessible.

On s'est acharné à vouloir quand même le transmettre à travers les universités. Celles-ci avaient pour mission d'"éduquer les gens du tiers monde". Ces gens sont venus apprendre, puis ils sont rentrés dans leurs pays. Quand ils se sont retrouvés dans leur contexte, la plupart d'entre eux ont vite compris que la transposition était impossible, compte tenu du fait que l'histoire n'était pas la même. D'un côté, il y avait une histoire de colonisation, d'accaparement des ressources planétaires, ce qui a permis le développement industriel et de l'autre côté, il y avait des gens qui ne répondaient pas aux critères définis par les pays riches.

À partir de là, les "spécialistes" ont commencé à classer les pays selon leur niveau de prospérité en ne tenant compte que du produit national brut. Ils n'ont retenu que le degré de développement économique alors qu'ils auraient dû tenir compte du développement humain qui répond à d'autres critères, ne serait-ce que parce qu'il tient compte de l'épanouissement de la personne humaine et des diverses facettes de la culture. L'homme n'est pas seulement un estomac.

Cette notion de développement humain ne semble pas intéresser les économistes, sans doute parce qu'elle est, le plus souvent, opposée à celle du développement tout court. Il faut être logique. On ne peut pas dire qu'on va augmenter indéfiniment la croissance et en même temps prétendre que ce toujours plus indéfini va un jour contribuer au bien-être de tous. Voilà pourquoi plus les pays riches s'enrichissent, plus les pays pauvres s'appauvrissent. Vous pouvez le constater partout. Les choses se passent vraiment ainsi. Alors qu'est-ce qu'un développement vraiment humain ? C'est un développement qui devrait permettre à des populations, partant de leurs propres ressources, de les mettre en valeur et ainsi de construire leurs propres économies. Autrement dit, au lieu de courir derrière un modèle occidental qu'elles ne rejoindront jamais, ces populations devraient tenir debout par elles-mêmes en utilisant leurs propres ressources. Ce n'est pas utopique car elles l'ont fait pendant des millénaires. Les Africains, par exemple, vivaient et se développaient normalement avant d'être colonisés. Je l'affirme solennellement : tant qu'on n'intégrera pas l'élément humain, tant que l'on restera uniquement sur le plan économique, on ne pourra jamais parler de vrai développement. »

Rachel fait alors remarquer que, pour arriver à cela, il faudrait que les dirigeants occidentaux soient eux-mêmes profondément humains, qu'ils cessent de ne penser qu'à l'économie. Pierre Rabhi prend la balle au bond :

« Vous avez raison : on retombe toujours sur le même problème. Nous ne pouvons pas décréter l'équité si nous ne sommes pas nous-mêmes équitables. Jamais la liberté ne sera instaurée de par le monde si nous ne sommes pas nous-mêmes libres intérieurement. La fraternité, n'en parlons pas... elle ne pourra exister que lorsque l'homme sera véritablement fraternel. Quant à l'égalité, vous le savez bien, c'est un mot pour le moins ambigu. L'égalité n'est d'ailleurs pas forcément la meilleure des choses. Si la conscience de ceux qui prétendent gérer le monde n'est pas évoluée, alors le développement ne sera pas évolué lui non plus. La crise d'aujourd'hui est fondamentalement liée au développement humain dans sa conscience la plus pure.

Pour moi, la meilleure façon d'aider ces pays serait de créer pour eux un corps d'agroécologistes sans frontières. Il faut trouver des professionnels de l'agroécologie qui pourraient prendre sur leur temps d'automne et d'hiver pour aller en Afrique, en Asie ou en Amérique latine, partout où l'on aurait besoin d'eux. Il faudrait, bien sûr, payer leurs billets d'avion et leurs frais mais ils seraient immédiatement opérationnels, capables d'initier les populations aux méthodes de l'agroécologie. Ainsi les petits paysans pauvres pourraient rester sur leurs terres au lieu d'aller s'ensevelir dans les bidonvilles qui entourent les cités[1]. »

1. Cette idée est défendue depuis longtemps par Pierre Rabhi. Elle n'a jamais été mise en œuvre comme cela est évoqué ici, mais Terre & Humanisme mène des programmes de développement de l'agroécologie avec des partenaires locaux, essentiellement en Afrique. Voir aussi le chapitre 8.

6

Retour en Afrique

L'Afrique… Elle est au cœur des préoccupations de Pierre Rabhi. Il a eu beau s'implanter, s'ancrer dans l'Ardèche, y faire pousser ses racines en profondeur, il a eu beau se considérer, pendant tant d'années, comme un paysan français, son continent natal ne cesse de se rappeler à lui.

Lors d'un de ses stages, il a la surprise de voir arriver un stagiaire africain, un homme qui venait du Burkina Faso, l'ancienne Haute-Volta, l'un des pays les plus pauvres de la planète (Burkina Faso signifie : le pays des hommes intègres).

> « Cet homme est venu ici, il a vécu avec nous, raconte-t-il dans son livre *Le Recours à la terre*[1]. Je lui ai expliqué ce que nous faisions, comment nous vivions et il s'est aperçu aussi que nous avons tou-

1. Éditions Terre du Ciel, 1995.

jours essayé de préserver des activités qui ne soient pas uniquement productives. Toute la famille est musicienne, chacun joue d'un instrument et nous aimons organiser des petits concerts. Nous faisons notre possible pour ne pas retomber dans une autre forme de productivisme, fût-il biologique ou écologique. »

C'est le déclic. Pierre Rabhi a en effet l'intuition que les méthodes qu'il a employées si longtemps chez lui avec succès peuvent donner de bons résultats, une fois adaptées, dans les pays du Sahel. Il est extraordinaire de trouver dans un même personnage à la fois un paysan français spécialiste des terres arides et un enfant du désert.

Dès 1981, il s'envole donc pour le Burkina Faso. Il lui faut avoir la foi chevillée au cœur pour résister aux premières impressions. À son arrivée, Pierre Rabhi apprend avec stupeur que le budget du pays ne dépasse pas celui de l'Opéra de Paris. Il s'informe, se passionne, découvre l'une après l'autre les plaies qui rongent ce pays comme tant d'autres pays pauvres sur notre planète Terre.

L'un des plus terribles parmi ces fléaux s'appelle l'Occident, cela ne fait bientôt aucun doute à ses yeux.

Avant l'arrivée des Blancs, les États que nous appelons maintenant « sous-développés » avaient trouvé le moyen de vivre d'une façon plus ou moins harmonieuse. L'essentiel de leur vie reposait sur l'agriculture et l'élevage. Les gens étaient pauvres mais, en général, ils n'étaient pas misérables. Ce qui a frappé les premiers explorateurs occidentaux et, plus tard, les premiers colonisateurs, c'était avant tout la gaieté des populations, leur joie de vivre, leur sens de la fête. Ils avaient peu de choses mais ils se contentaient de ce qu'ils avaient. Par la suite, le modèle blanc s'est peu à peu imposé amenant avec lui le désir de posséder et, en conséquence, le mépris pour la vie et les coutumes ancestrales.

Écoutons Pierre Rabhi parler de ce qu'il appelle « la problématique Nord-Sud » :

> « Pour nourrir et faire fonctionner son système technologique et scientifique, le monde occidental, outre ses ressources internes, a utilisé énormément de ressources importées des pays en voie de développement. La matière première et la main-d'œuvre étaient pratiquement gratuites. C'est ainsi qu'on est arrivé à cette aberration : un cinquième de la population du monde consomme aujourd'hui les quatre cinquièmes de ses ressources. Et parmi les quatre cinquièmes de ces populations, il en est qui sont réduites à la misère la plus noire.
>
> Depuis 1981, je n'ai pas cessé de retourner en Afrique et, je vous l'avoue, cela me rend malade de voir des gens qui mettent des enfants au monde non pour qu'ils vivent mais pour qu'ils entrent en agonie immédiatement.

Vous me direz qu'ils feraient mieux de ne pas les mettre au monde mais là-bas, si une femme ne peut pas avoir d'enfants, elle perd le sel de la vie. Cela a toujours été ainsi et, chez ces peuples, les enfants ont toujours représenté la sécurité, la certitude pour les parents d'avoir quelqu'un pour s'occuper d'eux dans leur vieillesse. Car ces populations étaient avant tout solidaires. Et puis des enfants, avec la mortalité infantile, il fallait en faire beaucoup pour en garder quelques-uns. Vous n'avez pas à remonter très loin dans votre histoire pour trouver le même phénomène. Il en allait de même dans la France des XVIIe et XVIIIe siècles. Donc en Afrique, les gens vivaient ainsi et, finalement, ils n'étaient pas si malheureux. C'était un scénario traditionnel qui durait depuis des millénaires. Il fonctionnait plutôt bien, sinon, il n'aurait pas abouti jusqu'à nous. C'est ainsi que vivent encore les Indiens d'Amazonie lorsqu'on veut bien les laisser en paix. Ce qui serait normal. Après tout, qu'avons-nous à leur apporter de positif ? Ils ne nous demandent rien. Nous devrions les laisser vivre comme ils ont toujours vécu. »

Nous regardons Pierre Rabhi. Son visage s'est animé, ses yeux brillent. Il parle avec passion d'un sujet qu'il connaît sur le bout des doigts. Il revit en même temps ses souvenirs d'enfance. Après tout, malgré sa rudesse, la vie dans l'oasis était douce et les jardiniers qui grattaient leur maigre terre étaient sans doute plus heureux que les ouvriers d'une grande usine dans une quelconque banlieue.

Pour lui, c'est évident, la colonisation a complètement désorganisé les systèmes sociaux des pays dans lesquels elle s'est installée.

« Ces systèmes, insiste-t-il, ont été plus que désorganisés. Ils ont été pulvérisés. Cela, nous n'avons pas voulu le voir. Nous nous sommes forgé une bonne conscience en affirmant que nous apportions avec nous “la civilisation”. De toute façon, nous n'avons pas cherché à comprendre les systèmes que nous voulions remplacer. À nos yeux, ils relevaient de la barbarie.

Nous sommes partis du principe que la lumière se trouve dans la civilisation moderne et que les autres sont dans l'obscurité. Et c'est bien pour cela que, du haut de nos certitudes, nous n'avons même pas eu l'idée de nous intéresser aux structures sociales des peuples que nous colonisions, de nous demander comment elles fonctionnaient, comment elles étaient organisées, comment elles étaient arrivées à cet équilibre qui leur a permis de traverser les siècles.

Entendons-nous bien : je vous en prie, ne me traitez pas d'obscurantiste. Je ne dis pas que le progrès n'existe pas, je ne prétends pas qu'il ne faut pas introduire chez ces peuples des éléments modernes. Bien au contraire. Mais ce que j'affirme avec force, c'est qu'il ne fallait pas le faire avec cette brutalité mais doucement, graduellement, avec délicatesse. Après tout, il a fallu des siècles et des siècles à l'Occident pour arriver là où il est. Des siècles de recherches, d'ajustements. Les esprits ne changent pas aussi vite que la technique. Mais à ces peuples que nous découvrions, nous avons dit : “Allez-y ! Sautez à pieds joints par-dessus les siècles ! Ajustez-vous au monde actuel !” Voilà pourquoi les structures n’ont pas résisté.

Voyez ce qui s’est passé dans l’agriculture. Pleins de leur supériorité, les nouveaux venus ont dit aux paysans africains : “Ce que vous faites est un peu ringard. Vous continuez à cultiver vos propres légumes et cela vous permet tout juste de subsister alors que, pour gagner de l’argent, il vous suffirait d’aller travailler dans les grandes exploitations où l’on cultive, à l’occidentale, le coton, l’arachide, la canne à sucre ou le café.”

C’est le miroir aux alouettes. Par milliers, les paysans ont quitté leurs terres en rêvant de devenir des salariés. Ils ont reçu en effet des salaires mais des salaires de misère. On leur a expliqué qu’on ne pouvait leur donner plus parce que le prix des matières premières ne cessait de s’effondrer.

Ces agronomes qui les déracinent ainsi ne sont pas toujours des Blancs. Dans un village en effet, lorsqu’un enfant semble doué, on l’envoie à l’école. Il suit son cursus scolaire, passe ses diplômes et, s’il le peut, entreprend une formation supérieure. S’il s’intéresse à l’agronomie, il passe nécessairement dans le moule des méthodes de production occidentales. Car il est bien entendu que “Hors de l’Occident, il n’y a point de salut”. On le forme donc exactement comme on forme les agronomes occidentaux et on lui entre bien dans le crâne qu’il n’y a pas d’agronomie possible sans les engrais, les pesticides et les semences sélectionnées. Ces jeunes gens ne se posent pas de questions, ils sont sûrs d'être dans la bonne voie. À leurs yeux, l'Occident ne peut qu'avoir raison puisqu'il a réussi. Et il est vrai que les Occidentaux ont résolu, dans leurs pays, les problèmes alimentaires. Ce que demandent ces Africains évolués, c'est qu'on leur donne la recette pour opérer un miracle semblable.

Hélas ! Ce qu'ils ne comprennent pas, c'est que lorsque nous formons un agronome occidental, nous lui donnons par la suite les moyens de son action. Il peut appliquer sur place tout ce qu'il a appris parce que son pays est riche et qu'il va disposer, autant qu'il en veut, d'engrais, de pesticides et de mécanique. Mais si vous formez un agronome venu du Mali ou du Niger, quand il retournera chez lui, il va se rendre compte qu'il lui est impossible de mettre en œuvre tout ce qu'il a appris. Simplement parce que son pays n'est pas riche et que les paysans sont bien incapables de se procurer ce qu'il leur faudrait pour appliquer les principes de l'agriculture occidentale. Que va-t-il se passer ? Croyez-moi, je ne parle pas sans savoir ce que je dis. Je l'ai vu en Afrique. Ce qui va se passer, c'est que les autorités vont vouloir absolument copier l'Occident, c'est-à-dire appliquer les méthodes dites modernes. Elles vont donc créer des coopératives qui distribueront gratuitement des engrais aux paysans. Ceux-ci seront enthousiastes car, en effet, la première année, ils obtiendront d'excellents résultats. Malheureusement, l'année suivante, on leur dira : "Maintenant, si vous voulez des engrais et des insecticides, il va vous falloir les acheter."

Les pauvres, ils en sont bien incapables. Alors on fera un pas de plus. On leur dira : “D’accord, on va continuer à vous donner les engrais dont vous avez besoin mais vous allez cesser de produire des légumes pour votre nourriture. Ce n’est pas assez rentable. Vous allez plutôt cultiver des produits qui iront à l’exportation et rapporteront des devises, du coton, du cacao, des arachides, du café, de la canne à sucre selon les régions. Vous nous apporterez votre récolte et, avant de toucher votre argent, vous devrez rembourser les produits que vous avez utilisés.” Croyez-moi, après cette opération, il ne restera pas beaucoup d’argent à ces pauvres paysans. Tout juste de quoi acheter la nourriture qu’ils n’ont pas produite et encore, pas toujours.

Cette nourriture qu’il va leur falloir acheter, ils ne la trouveront pas dans les supermarchés car il n’y en a pas dans leur village. Ils achèteront, par exemple, du riz provenant des États-Unis, un riz si bon marché que les producteurs de riz local vont se trouver incapables de vendre le leur et seront donc ruinés.

C’est véritablement un système pervers, un cycle infernal. J’en suis témoin chaque fois que je vais en Afrique et cela me déchire le cœur. Sans cesse, je vois s’accroître la misère. Nous parlons d’aider le tiers monde mais, en réalité, nous continuons à l’exploiter. Comment voulez-vous, pour reprendre l’exemple du riz, que des producteurs travaillant avec des houes puissent entrer en concurrence avec des riziculteurs américains qui, eux, utilisent des tracteurs et d’énormes moyens mécaniques ? Le prix du riz ou du coton va baisser, baisser et le petit paysan, lui, verra arriver le moment où on lui donnera si peu pour sa récolte qu'il n'aura plus qu'à abandonner ses terres et aller s'installer dans les bidonvilles qui poussent partout dans les banlieues des grandes villes.

Je pourrais continuer et le tableau deviendrait de plus en plus désolant. Je vous assure, c'est à se taper la tête contre les murs. Car le cacao, le café, le coton, le sucre de canne, s'ils rapportent tout juste aux paysans, dans le meilleur des cas, de quoi ne pas tout à fait mourir de faim, vont tout de même rapporter des devises à l'État. Qu'en fera-t-il ? Il commencera par se dire : "Nous avons un territoire national légitime et reconnu, ce territoire, il nous faut le défendre et, pour cela, il nous faut acheter des armes aussi modernes que celles de nos éventuels adversaires." Ces armes ne sont pas produites sur place mais doivent être achetées au cours de la production industrielle, c'est-à-dire à des prix très élevés.

Ces marchés vont, bien entendu, passer par les mains d'une caste constituée par les 2 ou 3 % des habitants qui ont eu la possibilité de faire des études supérieures, la plupart du temps dans des universités étrangères. Ceux-ci se sont frottés au monde moderne, à ce qu'ils appellent la civilisation. Ils ont envie de vivre comme des "civilisés", donc d'avoir des costumes trois pièces, des frigos, des ordinateurs, la climatisation chez eux et dans leur Mercedes. Ils veulent voyager en avion.

Cette caste nationale est toute petite mais c'est une caste de privilégiés. Au Burkina Faso, par exemple, elle consomme 75 % des richesses. Comment voulez-vous que les paysans puissent survivre dans de telles conditions ? C'est impossible et, puisqu'ils ne survivent qu'à peine, ils poussent leurs enfants à s'en aller de sorte que l'exode rural ne cesse de s'amplifier. Je n'arrête pas de crier cela, de faire le procès de la corruption, d'aller contre les idées reçues et, en particulier, contre la plus tenace, celle qui affirme que l'Afrique est un pays pauvre. Ce n'est pas vrai. L'Afrique est un pays riche, riche de sa terre, de ses matières premières, de l'ingéniosité de ses habitants et de sa jeunesse. Un pays riche mais qui est spolié par des groupuscules de rapaces, qu'ils soient blancs ou noirs, au détriment de sa population. »

Il y a quelque chose de pathétique à voir Pierre Rabhi s'indigner avec une telle véhémence. Le problème est tellement énorme et cet homme est si seul. Un petit homme frêle et souriant qui, en dépit de tout, déborde d'espoir. Un lutteur qui s'engage sur tous les fronts et qui, à l'inverse de Don Quichotte s'attaquant aux moulins à vent, est un être extrêmement sensé, bien organisé dans sa tête, un esprit scientifique, un agronome passionné et surtout, surtout, un réalisateur.

La visite de ce stagiaire du Burkina Faso lui a ouvert de saisissantes perspectives. Il sait, après tant d'années vécues sur sa ferme ardéchoise, qu'il est devenu un bon spécialiste des terres arides et il se pose la question suivante : cette expérience est-elle transposable à des populations du Sud et, tout particulièrement, aux pays du Sahel ?

Le seul moyen de le savoir est d'y aller. Le voilà donc parti en 1981. Le rapport rédigé par son ami stagiaire lui ouvre les premières portes. Les fonctionnaires du ministère de l'Agriculture lui demandent de s'expliquer, ce qu'il fait avec l'incontestable talent pour la parole qui lui a été octroyé par la Providence. Il constate avec ses interlocuteurs que les paysans burkinabés se heurtent à un double problème, économique et écologique. Économique, nous avons vu pourquoi. Écologique, parce qu'à la suite de tragiques sécheresses, ils voient peu à peu leurs terres se transformer en désert. C'est donc sur ces deux fronts qu'il faut s'engager et la solution est évidente à ses yeux : il faut aider les pays du Sahel à connaître et à pratiquer l'agroécologie et commencer par les libérer du poids insupportable que représente pour eux l'achat des engrais, des pesticides et des semences sélectionnées.

Il est pourtant indispensable que les terres soient fertilisées. La réponse est simple : la fertilité organique et donc le compost dont nous avons déjà tellement parlé. Les paysans ont ce qu'il faut pour cela, c'est-à-dire du fumier. Il suffit qu'ils cessent de le gaspiller comme une matière inutile, qu'ils le ramassent au contraire et qu'ils le compostent.

Alors, ils auront un fertilisant naturel qui leur permettra de stabiliser les sols et donc de réduire l'érosion, des ferments bactériens qui vont relancer en quelque sorte la digestion des sols.

Pierre Rabhi aime donner cette comparaison :

> « Dans les terres arides, le sol est dans la situation de quelqu'un qui aurait été soigné aux antibiotiques et dont la flore intestinale serait complètement détruite. Que dit le médecin dans un tel cas ? Il dit qu'il faut prendre des yaourts et des levures pour réensemencer cette flore intestinale.
>
> C'est exactement ce que fait le compost, il réensemence. Il n'est pas seulement un produit fertilisant, il est aussi un ferment bactérien qui remet en route le métabolisme du sol, qui lui redonne son dynamisme. »

Cela, c'est la théorie. Encore faut-il la mettre en pratique. Pour cela, il faut toucher directement les paysans sur leurs lieux de travail. À peine est-il arrivé au Burkina Faso que Pierre Rabhi apprend l'existence, dans les campagnes, de sept cents centres de formation pour les jeunes agriculteurs répartis sur tout le territoire.

Créés en 1974, ces centres avaient pour but de stopper l'exode rural. On se rendait compte en effet dans les villages que chaque fois qu'un enfant avait appris à lire et à écrire, il n'avait plus qu'une idée : devenir fonctionnaire dans une ville et, autant que possible, à Ouagadougou, la capitale. Si bien que ne restaient au village que les enfants les moins doués et les moins dynamiques. L'État avait donc décidé de créer ces centres et promis d'assurer les formations tandis que les communautés villageoises feraient le reste, c'est-à-dire trouveraient les terrains et participeraient à la construction des écoles.

Pierre Rabhi a tout de suite eu l'intuition que c'était à partir de ces centres de formation qu'il devait lancer son action. Pour des raisons de commodité, il a commencé par ceux qui se trouvaient le plus près de Ouagadougou.

Il lui a fallu d'abord sensibiliser les formateurs, leur expliquer comment mettre l'agroécologie en application. Former des jeunes, c'est un travail qu'il pratique avec enthousiasme. Il a le sentiment d'être sur son vrai terrain.

Les premiers résultats ont dépassé ses espérances. Aux confins d'un désert qui ne cesse d'avancer, il s'est trouvé en pays de connaissance. Il a redécouvert la valeur de l'eau. Il est vrai que les pluies sont rares mais il est vrai aussi que lorsqu'elles se mettent à tomber, elles le font avec une grande violence. Elles dévalent les pentes, emportent tout sur leur passage mais ne restent pas. Avec ses jeunes, Pierre Rabhi a créé tout un réseau de diguettes destinées à freiner l'eau et à l'obliger ainsi à s'infiltrer dans le sol. Ici ou là, il a construit ce qu'il appelle un micro-barrage fait de cailloux et de terre. Ces micro-barrages se remplissent dès que l'eau tombe et viennent recharger les nappes phréatiques. C'était extraordinaire. Les villageois n'en revenaient pas de voir renaître des puits qui étaient taris depuis longtemps. « Voir renaître des puits, s'enthousiasme Pierre Rabhi, c'était fascinant. »

Il y a un autre danger dans le désert, c'est le vent qui souffle sans rencontrer d'obstacles. Pour protéger ces cultures si fragiles contre le vent, il faut les entourer de haies aussi vivaces que possible. C'est un travail de patience et d'ingéniosité. Et, chaque fois que c'est possible, il faut reboiser. Les paysans ont besoin de bois, ne serait-ce que pour le feu, et ils ont naturellement tendance à couper sans s'occuper du lendemain. Il faut les sensibiliser à cela. Cela a été plus facile lorsqu'ils ont pu juger eux-mêmes des résultats, lorsqu'ils ont été capables de puiser dans des puits qui étaient taris depuis longtemps. Alors ils ont commencé à comprendre ce qu'était vraiment l'agroécologie qui leur était proposée et ils sont devenus à leur tour des passionnés.

> « J'avoue qu'au début, se souvient Pierre Rabhi, j'ai eu un peu de mal. Il me fallait aller contre les dogmes triomphants, expliquer qu'il ne fallait pas avoir peur de cultiver sans engrais, sans insecticides. C'était une action subversive. J'ai eu de la chance car je suis arrivé à un moment où les méthodes

dites modernes avaient échoué et où les autorités du pays cherchaient de nouvelles solutions. On m'a dit à Ouagadougou : “Si vous étiez venu il y a dix ans, nous vous aurions dit non mais nous sommes obligés de reconnaître que nous nous trouvons dans une impasse. Alors, profitez-en, expérimentez.” Vous pensez bien que je ne me le suis pas fait dire deux fois. Dès la première année, j'ai obtenu de réels succès, au point que j'ai été dépassé. Je ne pouvais plus faire face à la demande. Il me fallait de l'aide. »

Cette aide est venue d'un organisme qui s'appelait le Point Mulhouse. Il s'agissait d'une association, type loi 1901, qui s'était donné pour but de venir en aide aux pays du tiers monde. Elle avait commencé à agir en Inde au temps où la famine y sévissait encore. Pour économiser le plus d'argent possible, les membres de l'association voyageaient en charters. C'était incommode, on ne savait jamais quand on pouvait partir ou revenir. Aussi ont-ils été très intéressés lorsqu'ils ont appris qu'une petite compagnie antillaise désirait se doter d'avions mais ne pouvait obtenir de crédits des banques. Ils ont donc décidé de la cautionner, si bien que lorsque la compagnie a fait faillite, ils se sont trouvés devant un choix : rembourser une créance énorme ou reprendre l'activité de la compagnie. Ils ont choisi de reprendre et se sont trouvés propriétaires d'un Boeing 707 en état de fonctionner et d'un second appareil pour les pièces détachées.

On peut faire partie d'une société caritative et être tout de même un peu naïf. Car il fallait être naïf pour constituer une association et aller faire du porte-à-porte en proposant des billets 75 % moins chers que ceux des compagnies officielles. Ils ont rempli un avion sans trop de difficultés mais n'avaient pas pris en compte le fait que l'espace aérien est strictement contrôlé. L'avion s'est donc envolé pour le Maroc et il était sur le point d'atterrir lorsque la tour de contrôle leur a envoyé ce message : « Repartez ou nous vous envoyons la chasse. » Heureusement, ils avaient assez de kérosène pour retourner à Mulhouse et assez d'argent pour rembourser les passagers.

Il faut croire que cette expérience ne leur a pas suffi car, peu après, ils ont fait une autre tentative sur le Niger. À Niamey, il y avait des bidons sur toute la piste et, une fois de plus, il leur a fallu repartir. C'est alors qu'ils ont rencontré un médecin du Burkina Faso et que celui-ci leur a dit : « Puisque vous ne savez pas quoi faire de votre avion, vous devriez rencontrer des membres de notre gouvernement. Notre pays est si pauvre qu'il ne peut avoir de compagnie aérienne. Vous pourriez vous arranger avec lui. »

Alors a commencé une aventure extraordinaire. Le Point Mulhouse est devenu compagnie officielle du Burkina, et son Boeing 707 a pu voler librement tout en continuant à pratiquer des tarifs 75 % plus bas que ceux des autres compagnies. À ce prix-là, les immigrés qui travaillaient en France pouvaient revenir passer leurs vacances au pays. Les Européens eux-mêmes étaient intéressés.

Lorsque Pierre Rabhi a décidé de se rendre au Burkina, il a entendu parler de cette compagnie. Il a été séduit par le prix du billet, séduit aussi par le fascicule qui lui avait été remis précisant qu'il s'agissait plutôt de « tourisme humanitaire ». En fait, le voyage était sans aucun luxe mais tout à fait supportable.

Il a appris que cette compagnie commençait à être victime de son succès. En effet, elle s'était beaucoup développée et faisait un chiffre d'affaires mirobolant. Elle amenait un flux de touristes énorme au Burkina Faso. Il est bien joli d'avoir des touristes car ils procurent des devises à un pays qui en a tant besoin. Encore faut-il disposer d'infrastructures pour les recevoir, ce qui n'était pas le cas.

Les gens du Point Mulhouse ont décidé de les créer et, autant que possible, dans la partie la plus pauvre du pays, dans le Nord, en plein désert. C'est ainsi qu'est né Gorom Gorom, une structure pas comme les autres puisqu'il s'agissait au début d'un campement hôtelier. C'était parti pour devenir une sorte de Club Méditerranée lorsque le directeur du Point Mulhouse, Maurice Freund, est venu y passer le réveillon. Il a assisté à un spectacle qui l'a scandalisé : du champagne, du foie gras, une grande fête en plein cœur d'un pays dont les habitants mouraient de faim tout autour. Il s'est dit qu'il s'était trompé, qu'il fallait imaginer autre chose. Il a fermé son campement, ne sachant trop qu'en faire lorsqu'au bout de six mois une amie lui a suggéré : « Pourquoi ne demandez-vous pas conseil à Pierre Rabhi ? Après tout, il est reconnu par le gouvernement, il a la confiance de la population. Il a peut-être une idée sur ce que vous pourriez faire de cette entreprise. »

> « Je leur ai dit, raconte Pierre Rabhi : "Si vous voulez vraiment contribuer au développement, vous devez vous appuyer sur la paysannerie. Vous pouvez l'aider à sortir du piège dans lequel elle est enfermée, de leur dépendance aux engrais, aux insecticides, à toute cette chimie qui leur coûte si cher." Mes interlocuteurs ont été intéressés et j'ai pris la route pour Gorom Gorom. J'ai mené une étude sur place et j'ai écrit dans mon rapport qu'il était tout à fait possible de reprendre les activités hôtelières à condition que les ressources produites par le tourisme servent à former les populations à des méthodes agricoles moins coûteuses et mieux adaptées au pays. C'était simple, il suffisait d'ajouter à la structure hôtelière une structure de formation à l'agroécologie. »

Pierre Rabhi a dû s'atteler à la tâche et mettre en œuvre son idée. Il est venu s'installer à Gorom Gorom pour un temps, responsable de vingt-quatre personnes, concevant des programmes destinés aussi bien aux lettrés qu'aux illettrés, formant des paysans aussi bien que des cadres supérieurs, en plein accord avec le gouvernement burkinabé.

Très vite, les deux structures se sont mises à travailler simultanément. Les touristes ne faisaient pas du tourisme idiot. Ils rencontraient les paysans, s'initiaient à leurs problèmes et rentraient chez eux enrichis par cette expérience hors du commun.

Gorom Gorom a ainsi énormément contribué à la diffusion, à la promotion de l'agriculture écologique. Cela est allé si loin que lorsque Thomas Sankara est arrivé au pouvoir, au bout d'un an, il a déclaré que l'agriculture écologique serait politique de l'État. Thomas Sankara est mort assassiné mais l'œuvre de Pierre Rabhi continue à porter ses fruits au Burkina Faso. Aujourd'hui, plusieurs milliers de paysans pratiquent sa méthode et se disent satisfaits[1].

> « C'est la première fois de ma vie, dit-il, que je regrette de ne pas être milliardaire. Si j'avais les moyens, avec la logistique que nous avons aujourd'hui, nous pourrions faire que l'agroécologie gagne

1. Malheureusement, le centre a cessé d'exister à la mort de Sankara.

du terrain à grande vitesse. Elle correspond à un besoin identifié, ses méthodes sont vérifiées et validées par les paysans eux-mêmes. J'affirme que la problématique de l'alimentation des pays pauvres pourrait être ainsi résolue. »

Lorsqu'on voit Pierre Rabhi proposer, avec sa souriante certitude, de régler grâce à l'agroécologie un problème aussi douloureux que celui de la faim dans les pays du Sahel, on a envie de se frotter les yeux. Et puis on se rend compte que s'il est sûr de lui, c'est qu'il sait ce dont il parle. Il a expérimenté chez lui d'abord, nous l'avons vu, mais aussi, depuis de longues années, au cœur des pays les plus pauvres de l'Afrique. Et on a envie de se dire : et si c'était vrai ! S'il avait enfin trouvé la solution que tant d'agronomes diplômés recherchent depuis si longtemps ! Son raisonnement est simple, clair, convaincant.

Il est certain qu'en quelques années ce petit homme que personne ne connaissait, cet enfant de l'oasis, ce paysan ardéchois est devenu aux yeux de beaucoup un expert international. Il est certain que des populations font appel à lui comme à leur dernière chance pas seulement au Burkina Faso mais aussi, nous l'allons voir, en Mauritanie, en Tunisie, au Niger, au Mali… Partout où il va, il commence par rencontrer les paysans. Il n'est pas l'homme des conférences internationales mais des contacts, il veut rester aussi près de la terre que possible, de cette terre qu'il connaît bien car on n'oublie jamais la terre de son enfance.

Lorsqu'il arrive au Sahel, les paysans commencent par lui parler de la sécheresse. Elle est leur problème numéro un, leur hantise. Elle avait toujours été une menace mais, dans les années soixante-dix, elle est devenue un cataclysme climatique sans précédent. Elle a détruit le couvert végétal, livré les sols à l'érosion de la pluie et du vent, au point que les populations ont vu leurs troupeaux décimés. Des troupeaux qu'il est devenu impossible de renouveler, si bien que nombre de pasteurs ont dû, la mort dans l'âme, émigrer vers les villes et leur misère.

Pourquoi cette sécheresse a-t-elle pris soudain un caractère aussi dramatique ? Lorsqu'on pose cette question à Pierre Rabhi, il répond d'une manière très nuancée :

> « Je ne peux pas vous donner une explication absolue. Personne ne le peut. Dans ces problèmes de modifications climatiques, il y a certainement un facteur qui pourrait être cyclique et naturel. Sans doute est-il vrai qu'il y a des cycles qui se produisent comme ça mais il ne faut pas sous-estimer la responsabilité de l'homme. Ce problème de la responsabilité humaine est difficile à évaluer. Quand on comprend bien ce qu'est un écosystème, ce qu'est

la biosphère, on ne peut pas nier que nos interventions sur le milieu naturel aient des effets négatifs.

Je pense d'abord à la déforestation. Vous me direz, bien sûr, qu'il n'y a pas de forêts dans les pays du Sahel mais prenez par exemple le cas du Burkina Faso que je connais bien. Au Burkina, la partie du Nord est sahélienne mais il y a aussi une partie semi-aride au milieu et, au Sud, une partie plutôt tropicale qui rejoint la Côte d'Ivoire, laquelle, vous le savez, est tropicale et humide. À partir du moment où on a commencé à détruire les forêts pour pouvoir cultiver le cacao, le café, les ananas, etc., on a forcément modifié le climat des pays voisins.

Je peux vous expliquer pourquoi. Parce que la forêt est un élément régulateur du système pluvial. Il ne faut jamais perdre de vue que l'arbre est le meilleur ami de l'homme et qu'il joue un rôle essentiel dans l'équilibre climatique. Il prélève l'eau, la fait monter dans ses rameaux et dans son feuillage, il transpire, c'est ce qu'on appelle l'évapotranspiration. L'arbre rejette donc de l'humidité dans l'atmosphère et ce rejet dans l'atmosphère constitue les nuages qui vont retomber en pluie là où le vent va les pousser. Si vous diminuez la quantité de l'évapotranspiration, vous diminuez la quantité de nuages et donc la quantité de pluie. On a pu étudier cette diminution en rapport avec la déforestation, faire des courbes… Si vous partez de la zone tropicale, si vous vous éloignez de 300 puis de 500 kilomètres, la pluviosité baisse de plus en plus. Et cela, d'autant que les forêts de la zone tropicale sont détruites.

Lorsque vous arrivez dans les zones carrément arides, vous rencontrez un autre phénomène. Si vous regardez des photos de la terre prises par les satellites, vous voyez des zones vertes et des zones claires. Ces dernières représentent le désert et il est vrai que les grandes surfaces du désert sont à coloration claire. Cette coloration claire a pour effet de repousser le rayonnement solaire. Alors la chaleur remonte dans l'atmosphère, la réchauffe et repousse les nuages. Voilà ce que je peux dire sur les effets de l'action humaine. Il est certain que la déforestation provoque une réduction de ce qu'on appelle "le pont hydrique" et donc contribue forcément au dessèchement et à la dérégulation du système. Il n'y a pas que cela, je vous l'ai dit, il y a aussi des cycles naturels. On ne peut savoir le pourcentage qui est dû à l'intervention humaine.

Je vous ai parlé du Burkina Faso mais il n'est pas le seul dans ce cas. Il y a le Mali, le Niger, le Sénégal et cela va jusqu'à l'Éthiopie. C'est toute la bande sahélienne qui se trouve soumise à la même tourmente climatique. C'est partout le même scénario : avec la baisse des précipitations, les paysans récoltent moins. Quant aux pasteurs, n'ayant plus assez d'herbe pour nourrir leurs troupeaux, ils dévastent les arbres qui restent. Le sol dénudé devient la proie de l'érosion, de la pluie d'abord et du vent, de l'harmattan, qui souffle pendant des mois du nord vers le sud, soulevant la poussière et le limon qui s'en va. C'est un peu ce qu'a raconté Steinbeck aux États-Unis : la terre s'envole, passe au-dessus de la tête des paysans. Elle est perdue pour toujours. Voilà le drame tel qu'il se présente et je vous ai déjà parlé des solutions que je propose pour le rendre moins cruel.

Jusqu'ici, l'Occident n'a proposé que de mauvaises recettes qui n'ont fait qu'aggraver encore la misère des paysans. C'est diabolique, c'est un cercle vicieux, un système absolument pervers.

Si je me bats depuis tant d'années, c'est pour que nous prenions enfin conscience de ce problème. Nous ne pensons qu'à l'argent et, malheureusement, trop souvent, ceux qui se passionnent pour la vie spirituelle refusent, eux aussi, de voir les choses en face. Je ne suis certes pas contre la prière mais je me dis que si on veut se rendre compte de la condition humaine telle qu'elle est aujourd'hui, mieux vaut aller sur place. Je n'en peux plus de voir des enfants affamés, avec leurs gros ventres et leurs côtes saillantes, des enfants qui naissent pour mourir et qui meurent péniblement. Surtout lorsque je vois, chez nous, de tels amoncellements de nourriture dans les supermarchés et un tel gaspillage.

Je vais vous raconter une petite anecdote significative. Je travaillais alors à Gorom Gorom et, à l'approche des vacances, j'ai vu avec surprise que les étudiants, des jeunes de dix-huit à vingt-quatre ans, étaient tristes. Cela m'a étonné. Chez nous, à la fin de l'année scolaire, les enfants ont plutôt tendance à danser et à crier de joie. J'ai demandé au directeur de m'expliquer ce phénomène. "Tu ne te rends pas compte, m'a-t-il répondu. Ici, ils ont au moins deux repas par jour mais, en rentrant chez eux, ils retournent à la sous-alimentation. À midi, ils auront un mauvais repas et, le soir, certains n'auront qu'un bol d'eau avec du sel."

Cela me révolte parce que je sais que la planète est immensément riche et que personne ne devrait avoir faim. Personne. J'ai souvent parlé de cela avec Edgard Pisani qui était un bon spécialiste en la matière. Il n'était pas d'accord avec René Dumont lorsque celui-ci expliquait que la surpopulation était le grand problème de notre temps. Pisani savait qu'il y avait assez sur la terre pour nourrir tout le monde. À condition, bien sûr, qu'une petite minorité ne mange pas soixante fois plus que les autres. À condition que cesse le gaspillage. Rien qu'avec ce que nous jetons dans nos poubelles, nous pourrions nourrir les plus pauvres. N'y a-t-il pas là une défaillance de l'esprit ?

Le plus désespérant est que la situation ne cesse de s'aggraver. Surtout avec la mondialisation. Celle-ci exacerbe en effet le système de concentration et de spoliation. Il y a encore quarante ans, les gens du tiers monde, au moins en Afrique, se nourrissaient encore à peu près. Aujourd'hui, ils se nourrissent de moins en moins. Il n'y a pas longtemps, nous avons vu sur Internet une étude sur l'évolution des famines. Il y a actuellement entre quinze et vingt pays de l'Afrique de l'Est qui sont en état de pénurie alimentaire chronique. Et, croyez-moi, ce n'est pas en leur apportant des sacs de riz qu'on résoudra le problème. On se demande ce que nous attendons pour prendre enfin le problème à bras le corps.

Ce qui est extraordinaire, c'est qu'en réalité l'Afrique est un continent extrêmement riche. Non pas seulement par ses richesses minérales mais de par son agriculture. Elle est tout à fait capable de produire ce qu'il lui faut pour se nourrir. Affirmer le contraire est une manipulation mentale de l'opinion. Il y a quelque temps, je suis allé à Foix afin de témoigner en faveur des arracheurs de maïs transgénique. On m'a fait venir à la barre et je n'ai pas hésité à dire qu'il est criminel de faire croire à l'opinion publique qu'on va sauver le monde à l'aide des OGM. Je l'ai presque hurlé.

J'ai dit aussi que l'Afrique était assez riche pour se nourrir. Encore faut-il que les règles du marché ne soient plus aussi injustes. Prenez l'exemple du cacao, voyez le prix que vous payez et dites-vous que le producteur n'en touche que la centième partie. C'est pourtant lui qui a travaillé, qui a eu le souci de produire, qui s'est crevé à la tâche. Et ce qui est vrai pour le cacao est tout aussi vrai pour le sucre de canne, le café, le thé, l'arachide, toutes les autres matières premières. Si au lieu de travailler pour des produits exportables, les paysans avaient continué à faire des légumes, des céréales, au moins se nourriraient-ils convenablement, ce qui est loin d'être le cas aujourd'hui.

C'est comme cela que les paysans africains ont été floués. On les a tous poussés à faire ce qu'ils font et avec la loi des marchés, ils sont tous perdants. Le bassin arachidien du Sénégal a été entièrement désertifié par la production massive d'huile. On a proposé aux paysans des contrats énormes, on leur a dit : “Allez-y ! Cultivez et nous achetons.” Les gens avaient beaucoup d'espace, ils ont coupé les arbres pour agrandir les superficies, pour gagner plus d'argent et aujourd'hui, c'est un désastre. Il en va de même partout. La culture intensive du soja et du café provoque une désertification spectaculaire et on continue, comme en Afrique, à détruire les forêts. Pourquoi ? Pour que les gros propriétaires puissent élever encore plus de bœufs. Les forêts indonésiennes sont en péril. Le Japon passe au Chili des contrats tellement gigantesques que les forêts sont en train de se réduire comme des peaux de chagrin. Même les arbres sacrés des Indiens ne sont pas épargnés et ceux-ci voient leurs domaines diminuer d'année en année davantage.

Depuis des siècles et des siècles, au Sahel, les Peuls élèvent des zébus, ces bêtes magnifiques avec leurs bosses. Ces zébus donnent une viande délicieuse parce qu'ils ne mangent que de l'herbe et les Peuls ont depuis longtemps l'habitude d'aller les vendre en Côte d'Ivoire ou au Ghana. Ce n'est pas une petite affaire car il faut les mener sur 4 ou 500 kilomètres. Avant d'arriver, ils les stabilisent pour les remettre des fatigues du voyage puis ils les présentent au marché. Il s'agit de centaines de bêtes et jamais ils n'ont eu de mal à s'en débarrasser. Cela conditionne leur survie car, avec cet argent, ils peuvent acheter tout ce dont ils vont avoir besoin au cours de l'année. Ce système donnait satisfaction à tout le monde, aux acheteurs noirs parce qu'ils étaient certains d'avoir la meilleure viande et aux Peuls parce qu'ils avaient un débouché assuré et les ressources nécessaires.

Un jour pourtant, il y a seulement quelques années, lorsqu'ils sont arrivés au bout de leur long voyage, ils ont eu l'horrible surprise d'entendre leurs clients habituels leur dire : “Cette année, nous ne prendrons que 5 ou 10 % de ce que nous vous prenons d'habitude car nous venons de recevoir des quantités astronomiques de carcasses en provenance d'Argentine." Pourquoi cela ? Il s'est trouvé qu'à un certain moment il y a eu dans le monde une pénurie de cuir. Surtout à cause de la mode des blousons qui sévissait chez les jeunes de tous les pays occidentaux. Les indicateurs économiques étaient d'accord pour affirmer : "Dans deux ans, la demande en cuir va doubler." Les Argentins ont de gigantesques pampas et ils ont tout fait pour augmenter leur cheptel. Ils ont prélevé les peaux, envoyé la langue et les filets dans les circuits de luxe et ils ont mis le reste dans des containers congelés qu'ils ont expédiés sur les marchés d'Asie et d'Afrique. C'était une viande très bon marché qui a tout de suite trouvé preneur. Lorsque les malheureux Peuls sont arrivés avec leurs zébus, ils n'ont presque rien vendu.

Rendez-vous compte à quel point cela a été tragique pour eux. Ils étaient là, avec leurs zébus après cet interminable voyage et personne n'en voulait. Il n'était pas question pour eux de rentrer avec leurs troupeaux. Ils n'auraient pas eu de quoi les nourrir. Ils ont bradé ce qu'ils ont pu et ils ont dû laisser le reste errer dans la savane. Et ils sont rentrés chez eux pour une année de misère.

Nous devons être conscients de ces mécanismes, de la réalité telle qu'elle est aujourd'hui. Non pour plonger dans le pessimisme mais pour être conscients, tout simplement. Alors et alors seulement, nous pourrons donner à notre spiritualité une force qui va la rendre opérationnelle, qui va l'incarner et nous aider à tout faire pour changer ce qui ne va pas dans le monde.

Nous ne changerons pas le monde dans l'ignorance. Nous devons tous nous intéresser aux problèmes de sécurité et de salubrité alimentaires car ils conditionnent notre avenir. J'insiste beaucoup pour que tous ceux qui sont capables de produire leur nourriture puissent vraiment le faire. C'est pourquoi Terre & Humanisme ne cesse d'organiser des stages d'initiation à la terre. Notre nourriture ne doit pas être virtuelle. Il est bon et rassurant de savoir d'où elle vient et qui l'a faite. Sinon nous risquons de découvrir qu'en nourrissant nos enfants nous les avons empoisonnés. Cela vient d'un manque de maturité de la conscience. Je m'excuse d'être péremptoire mais je souffre de la situation que nous vivons. Nous avons tendance à nous laisser endormir alors que les problèmes se font de plus en plus aigus.

Je suis très touché par les paysans illettrés que je rencontre au cours de mes séjours en Afrique. Ils ne savent pas lire, ils ne savent pas ce qui se passe dans le monde. Ils voient beaucoup de beaux esprits qui viennent leur parler de démocratie mais, vous savez, c'est un mot qui ne veut pas dire grand-chose pour un paysan illettré. Ce qu'ils comprennent, c'est qu'ils sont victimes d'un système pervers qui les empêche de produire leur propre nourriture en les envoyant cultiver, pour des salaires de misère, du coton, du cacao, des arachides… »

7

Une si belle oasis

C'est un endroit de rêve, une oasis de carte postale, située à proximité du golfe de Gabès, l'une de ces oasis dont Pierre Rabhi affirme qu'elles sont un miracle dû à la rencontre de l'eau, de l'ingéniosité et de l'obstination des hommes. Une nécessité aussi car sans elles, les caravanes n'auraient pas pu amener la richesse et la vie de part et d'autre du grand désert.

Aussi loin qu'on puisse remonter dans le temps, on trouve des oasis. Rien que dans le Maghreb, elles couvrent deux cent cinquante mille hectares. Certaines sont minuscules, juste une tache de verdure dans l'aridité, d'autres font plus de mille hectares. Elles sont des écosystèmes vivants, on les croyait immortelles mais nombreuses sont aujourd'hui celles qui sont atteintes dans leur intégrité, qui sont en train de mourir dans l'indifférence générale.

En surface, aux yeux du touriste, elles ont encore belle allure mais, pour qui sait voir, elles sont déjà condamnées. Faut-il donc baisser les bras, accepter aussi cela ?

Cette oasis de Gabès, par exemple, souffre d'une double calamité : le tourisme et un complexe chimique créé pour l'exploitation des phosphates. Il y a vingt-cinq ans encore, le phosphate était une denrée exportable qui rapportait beaucoup de devises. Il a joué un grand rôle dans le développement du Maroc. Lorsqu'on en a découvert en Tunisie, les Tunisiens ont commencé à rêver : ils allaient gagner beaucoup d'argent. Le seul ennui était que ce phosphate avait un indice de matière active trop faible. Il fallait donc le traiter, le lessiver pour en enlever toutes les scories et pour cela, hélas, il a fallu créer ce complexe chimique qui pose problème aujourd'hui. Très vite, les nappes phréatiques ont été épuisées tandis que les eaux usées se déversaient dans le merveilleux golfe de Gabès qui était alors l'un des endroits les plus poissonneux de la Méditerranée. Aujourd'hui les cultures s'étiolent et les poissons meurent. C'est d'autant plus grave qu'à elle seule, l'oasis fournissait à peu près un tiers de tous les fruits consommés en Tunisie.

Une fois de plus, les hommes ont privilégié le minéral par rapport à la vie, ils ont fait le mauvais choix qu'ils doivent payer aujourd'hui au prix fort.

C'est d'autant plus stupide que le phosphate se vend beaucoup moins bien qu'autrefois.

Le tourisme n'a pas arrangé les choses. Déverser des masses de touristes sur un écosystème aussi fragile, si l'on en croit Pierre Rabhi, cela peut avoir de graves conséquences. Avant, quand on construisait, on construisait autour de l'oasis de façon à ce que la terre puisse rester vivante, que la partie nourricière soit préservée. Aujourd'hui, pour les touristes, on construit à l'intérieur et on a tendance à trop bétonner. Et l'on gaspille l'eau qui a toujours été ici une ressource si rare et si précieuse. Ce n'est pas étonnant quand on sait qu'un touriste en consomme en moyenne deux cents litres par jour, cela d'après une étude bien documentée.

Il a fallu longtemps, trop longtemps pour que l'opinion publique commence à se préoccuper du problème des oasis sahariennes. Enfin, en 1992, le groupe Unesco de Tunisie ainsi que la municipalité de Chenini et son maire, M. Hedi Ben Salem, dont le dévouement et le dynamisme ont été exemplaires, ont organisé à Gabès un grand colloque sur le thème des oasis en Tunisie, patrimoine mondial. Pierre Rabhi a été invité. Il y a eu beaucoup d'interventions, de discours des spécialistes. On a entendu le ministre de l'Agriculture, le gouverneur, on a vu fleurir les promesses et les beaux sentiments mais comme souvent dans ce genre d'occasion, il n'en est pas sorti grand-chose. Le complexe chimique est resté en place, les touristes ont continué à affluer, les poissons et les cultures à mourir.

> « Je déteste assister à ces grand-messes sans rien faire et repartir, affirme Pierre Rabhi. J'ai parlé de la nécessité de reconnaître les oasis comme des zones de créativité humaine. Mon discours a eu beaucoup de succès, il a même été traduit en arabe. Alors on m'a demandé de faire la synthèse des travaux. J'ai accepté parce que je pensais que cela pouvait être utile et j'ai insisté sur les remèdes car il ne suffit pas de se réunir au chevet d'un mourant. Encore faut-il prendre des mesures en vue d'une éventuelle guérison. Tout le monde était d'accord et on m'a demandé d'intervenir. »

Dès qu'on le place sur le terrain des réalisations concrètes, Pierre Rabhi se sent déjà plus à l'aise. Il s'est tout de suite attelé à la tâche pour mettre au point un plan de réhabilitation à la fois économique et écologique. Il a visité l'oasis de fond en comble, interrogé les paysans et il s'est très vite rendu compte que la terre souffrait d'un déficit chronique de matière organique. D'année en année, elle ne cessait de s'appauvrir. Il fallait avant tout lui redonner de l'énergie. Il lui fallait pour cela une biomasse, c'est-à-dire des matières végétales et animales en abondance.

Il s'est très vite rendu compte que tous les ans, il faut tailler les palmiers pour les entretenir. Cela représente une masse considérable de matière ligneuse qu'on laissait perdre après y avoir prélevé quelques pieux pour élever des palissades et quelques feuilles pour tresser des paniers. Cette matière qu'on laissait perdre, il a décidé qu'elle pouvait être exploitée. Il a fallu pour cela utiliser des machines pour broyer les végétaux avant de les composter et de les mélanger dans le bassin même avec le fumier des chèvres et des moutons. Après trois mois d'une fermentation bien gérée, on a obtenu le précieux humus qu'on a remis dans la terre. Dès la première année, les paysans ont pu se rendre compte que leur terre était devenue plus riche et donc plus productive.

Pierre Rabhi s'est ensuite attaqué au problème de l'eau. À cause d'une sécheresse exceptionnelle et du gaspillage, elle est de moins en moins abondante, si bien que, depuis longtemps déjà, les paysans se sont mis d'accord pour organiser des « tours d'eau », ce qui signifie que tous ceux qui s'approvisionnent à la même source ont le droit d'irriguer leur terre à tour de rôle et pendant une période bien définie. Le drame est que l'eau devenant plus rare, il a fallu espacer et espacer encore les « tours d'eau ». Si l'on avait auparavant de l'eau tous les quinze jours, il a fallu passer à trois semaines et même à un mois si bien que le sol souffrait d'une sécheresse de plus en plus grande. La situation semblait sans issue, les paysans de l'oasis se désespéraient et se méfiaient des belles paroles et des promesses que les officiels ne cessaient de leur prodiguer. Mais ils ont tout de suite eu confiance en Pierre Rabhi. En lui, ils reconnaissaient l'un des leurs, un enfant de l'oasis, un homme de la terre et non pas des bureaux.

Que faire donc pour empêcher que la terre ne se dessèche ? Dès la première année, ils ont pu constater qu'avec l'introduction du compost dans le sol celui-ci gardait l'humidité plus longtemps, jusqu'à trois semaines. Les plantes souffraient beaucoup moins. Ils ont voulu avoir leurs propres bassins de trempage, traiter les déchets eux-mêmes, les composter. Ce fut un vrai bonheur pour eux de voir leurs produits gagner en qualité.

Pierre se souvient avec émotion de son ami Bachir, un paysan selon son cœur qui passait sa vie dans son jardin et dans la petite cabane qu'il a édifiée dessus pour y faire un thé à réveiller les morts. C'est un homme sage. Il a tout de suite compris le principe du compostage. La première année, il a été le seul à avoir de magnifiques salades. Celles de ses voisins étaient pourries, invendables. Tout simplement parce qu'ils avaient mis des nitrates dans leur sol. Il y a eu cette année-là un peu plus d'eau qu'à l'habitude et il arrive, quand les nitrates sont dilués, que cela fasse un bain de sel qui fait pourrir les racines. Le succès de Bachir a vivement intéressé ses voisins. Il était donc vrai qu'on pouvait cultiver sa terre sans y mettre d'engrais chimiques.

Pierre Rabhi s'est donné beaucoup de mal pour convaincre les paysans. À ses yeux, à la base de tout engagement dans une action, il y a la rencontre des êtres humains. Et lorsque nous lui faisons remarquer que c'est bien naturel, il s'indigne :

> « Vous dites cela parce que pour vous c'est évident mais vous devez savoir que ce n'est pas ainsi que cela se passe. En réalité, les "spécialistes" arrivent, ils apportent tout avec eux sans s'occuper des hommes, sans leur avoir demandé leur avis. Ils fournissent des solutions toutes faites qu'il suffit d'appliquer sans discuter. Pour moi, c'est le contraire. J'ai besoin de connaître les gens, de les rencontrer, de parler avec eux autour d'une tasse de thé, dans une ambiance conviviale. C'est ce que j'ai fait à Gabès et ce n'est que lorsque la confiance a été installée que nous avons pu, ensemble, élaborer des projets, décider qui allait faire quoi, avec quelles échéances. Chaque fois que je lance un projet, c'est avec l'idée qu'un jour les choses iront d'elles-mêmes et que je deviendrai inutile. »

C'est bien ce qui s'est passé à Gabès. Il a fallu se battre contre une certaine routine mais enfin, une association a vu le jour avec, pour but, de rendre vie à l'oasis mais aussi de mener des actions en faveur de l'école, des femmes, de mobiliser toutes les énergies. Cette association fonctionne maintenant très bien. Elle est reconnue au plan international, elle reçoit des subsides de bailleurs de fonds internationaux, elle a pignon sur rue et elle devient, même au niveau de la Tunisie, une référence sous la direction rigoureuse de M. Hamrouni.

8

Niger et Mali : même combat

L'une des grandes préoccupations de Pierre Rabhi est de rester disponible malgré ses multiples activités. Il est à l'écoute, prêt à s'impliquer dès qu'il sent qu'il peut être utile. Nous l'avons vu, il est tout spécialement concerné par les problèmes du Sahel.

Mais il ne se fait pas d'illusion : il sait qu'il ne s'agit là que de réalisations ponctuelles et qu'à l'échelle du monde, ce n'est pas grand-chose. Cela ne le trouble pas. La seule question qu'il se pose est de savoir si son action est juste.

> « Si c'est juste, dit-il, il faut le faire. Si cela apporte un peu d'équilibre et d'harmonie, il faut continuer…
>
> Aujourd'hui, on parle, on parle, on fait des proclamations souvent pleines de bons sentiments mais dans quel but ? Peut-être pour se donner

bonne conscience, se croire bon, généreux... Cela ne va pas loin. Il faut aller plus profond et c'est la raison pour laquelle je ne cesse de répéter que nous ne devrions jamais séparer le spirituel de la vie. Le moindre des éléments de la société devrait être spiritualisé. Telle est à mes yeux la clé pour que le monde devienne supportable. Je ne pose plus de questions abstraites, je ne me demande plus ce qu'est la vérité, cette vérité que tant de gens voudraient mettre en cage. Je me contente d'agir en essayant d'être aussi cohérent que possible.

Encore faut-il bien comprendre que c'est l'esprit qui fait agir. Mon corps, mes mains doivent être au service de l'esprit, c'est lui qui les conduit. S'il n'en était pas ainsi, je me demande pourquoi je n'aurais pas agi comme la plupart des gens, en ayant comme seul but de gagner du fric. Je n'en suis pas moins capable que d'autres. Moi, je ne pose pas beaucoup de questions. Je me contente de regarder autour de moi et quand je vois la misère qui règne dans de si nombreux pays, je me dis que je dois faire quelque chose et je me demande ce que nous attendons, nous les peuples riches, pour prendre enfin ce problème à bras le corps. Nous en avons les moyens. C'est l'esprit qui nous fait défaut. »

Il est vrai que Pierre Rabhi est entièrement voué à son œuvre, cela nous a fascinés de voir ce petit paysan du bout du monde trouver le moyen d'agir dans de si nombreux pays. Nous avons parlé du Burkina Faso, de la Tunisie mais il a aussi des projets en Mauritanie, au Laos, au Chili, dans les pays de l'Est dont les agricultures ont besoin d'être guéries de tant d'années d'un dirigisme insensé. Au moment où nous l'avons rencontré, il se passionnait tout particulièrement pour le Mali. Sans doute parce que c'est l'un des pays les plus pauvres du monde, un pays de 1 240 000 kilomètres carrés, soit plus de deux fois et demie la France et dont plus de la moitié se situe en zone désertique. Un pays dont la population s'accroît de plus de 3 % par an et dont la moitié des habitants a moins de quinze ans, un pays où l'espérance de vie est faible et la mortalité infantile très élevée. Un pays où les ethnies sont nombreuses et où l'exode rural s'accélère. La capitale, Bamako, ne comptait guère plus de 76 000 habitants en 1959 alors qu'elle approche aujourd'hui du million[1].

Il y a là-dedans tout ce qu'il faut pour passionner Pierre Rabhi et lui donner envie d'agir. En 1987, l'association Terre du Ciel a décidé d'y organiser un séminaire consacré à l'agroécologie et intitulé *Parole de terre*. Ils ont pour cela utilisé les avions de Point Afrique qui avaient emmené pour la première fois Pierre Rabhi au Burkina Faso. Ils ont choisi un village de 8 000 habitants avec une chefferie et toutes les structures traditionnelles.

1. D'après le dernier recencement, effectué en 2009, Bamako compte 1,8 million d'habitants.

Ce séminaire était bourré d'idées nouvelles sur les moyens d'empêcher ou de retarder la désertification mais il n'était pas que cela. Pierre Rabhi est certes un expert international en ce qui concerne l'agrobiologie mais plus il avance et plus il se passionne pour une approche globale des problèmes de l'humanité. L'agriculture est bien entendu primordiale car l'essentiel est de se nourrir mais tant d'autres problèmes ne cessent de s'imposer.

Ce séminaire s'est très bien passé. Toutefois, lorsqu'il a été terminé, les paysans ont dit aux organisateurs : « Cela est bien beau, vous nous avez fait miroiter de belles perspectives mais maintenant, vous repartez et vous nous laissez avec nos problèmes. »

Il ne faut pas dire deux fois ces choses-là à Pierre Rabhi. Même s'il n'était pas disponible aussitôt, il a promis de revenir et de faire pour cette partie du Mali ce qu'il a déjà fait pour le Burkina Faso et le Niger. Très vite, des Européens sont allés là-bas pour travailler avec les populations, connaître les problèmes spécifiques au pays, gagner la confiance des habitants et des notables, mettre enfin sur pied le projet d'une école pour les formateurs en agroécologie.

Il n'y a pas seulement l'Afrique. Nous l'avons dit, Pierre Rabhi se passionne pour les problèmes des pays de l'Est. En Hongrie, en Roumanie, en Bulgarie, partout les problèmes s'aggravent et il s'en indigne :

« C'est toujours pareil : au nom du libéralisme sauvage, on voit arriver les rapaces, tous les rapaces de la planète qui viennent pour investir leur argent. C'est ainsi que les principaux producteurs du plus célèbre des vins hongrois, le tokay, ont été rachetés par des investisseurs étrangers alors qu'ils constituent le patrimoine du pays. Un peuple a besoin de secours et au lieu de l'aider, on commence par le dépecer, par lui piquer ce qu'il a de meilleur. Vous vous rendez compte ! Aujourd'hui, à cause de la mafia locale et de celle qui vient de l'extérieur, 80 % des paysans hongrois doivent se contenter de 20 % des terres.

Ne vous faites pas d'illusions, c'est un peu comme ça en France. Je connais des jeunes merveilleux, compétents, habiles, qui font des tas de choses intéressantes : malgré tout, l'accès à un bout de terrain leur est impossible. Vous me direz qu'il y a les Safer. C'est vrai mais, malheureusement, il arrive qu'elles soient corrompues. Tout se passe parfois autour d'une table et d'un bon vin. Et la politique n'arrange pas les choses. »

Nous lui faisons remarquer qu'il ne peut pas tout faire, qu'il ne peut pas être partout, qu'il doit avoir déjà beaucoup d'ennemis. Il sourit.

« Il faut me prendre comme je suis. J'ai toujours avancé ainsi. Souvent mes amis me disent que je suis trop casse-cou, que je ne vais pas y arriver et pourtant les choses se font. Il y a toujours de nouveaux projets qui démarrent, de nouvelles idées. L'essentiel, c'est d'avoir confiance en l'esprit. Vous savez, ce n'est pas la petite carcasse de Pierre Rabhi ou sa cervelle qui font avancer les choses. Il faut savoir regarder au-delà du tangible, être habité par une passion et aller jusqu'au bout.

Je suis toujours frappé par le fait que les Occidentaux sont persuadés de posséder la clé de tous les problèmes du monde entier. En toute bonne foi, ils proposent à tous les peuples leur mode de vie comme étant le meilleur, le seul en réalité qui aille dans le sens de l'évolution. C'est une naïveté touchante. Les peuples d'Afrique, d'Asie ou d'Amérique n'ont pas attendu l'arrivée des Européens pour commencer à vivre. Ils ont vécu des millénaires sans aller plus mal qu'ils ne vont aujourd'hui. Je suis d'accord pour que nous les fassions profiter de certains bienfaits de notre civilisation, de certains progrès de la médecine ou de l'éducation mais pour le reste qu'on les laisse tranquilles, qu'on ne leur impose pas notre mystique de la rentabilité des jeux vidéo et des mille inutilités qui encombrent nos vies. Et surtout, qu'on ne leur impose pas la mystique du travail et du fric.

Il m'est souvent arrivé, au cours de mes voyages, de vivre ou d'entendre des histoires savoureuses et qui montrent bien à quel point nos mentalités sont différentes. Il s'agit d'histoires vraies que j'ai pu vérifier et qui ne paraissent invraisemblables qu'à ceux qui ne connaissent pas ces populations. Laissez-moi vous en faire profiter.

Une firme de produits chimiques est venue offrir des engrais à un groupe de paysans africains. Ceux-ci les ont enfouis dans la terre et, bien entendu, ont obtenu de bons résultats. Alors, ils sont allés trouver le chef, le sage du pays, un vieillard aveugle et lui ont dit : "Tu sais, nous avons essayé le produit des Blancs sur une parcelle et nous avons doublé notre production." Le chef a réfléchi un moment avant de leur dire : "C'est bien, mes enfants, l'année prochaine, vous ne cultiverez que la moitié du champ." Ils n'ont pas comme nous la mystique du travail. Ils savent ce dont ils ont besoin pour vivre et ils n'ont pas envie de plus. Je n'ai pas besoin de vous préciser que les agronomes occidentaux ont été choqués par cette réaction et qu'ils ont eu vite fait de les traiter de paresseux.

Une seconde histoire tout à fait authentique, qui se passe cette fois-ci en Colombie. Un jour, des Américains en visite dans ce pays voient les Indiens en train de s'échiner à de menus travaux et à couper leur bois avec des instruments rudimentaires. Pleins de bonne volonté, ils se disent : "Les malheureux ! Nous allons venir à leur secours." Ils ont fait venir des haches des États-Unis, de belles haches avec lesquelles on peut abattre des arbres et les débiter. L'année suivante, ils débarquent dans ce même village, curieux de savoir comment les indigènes se sont servis de leurs haches. À peine arrivés, ils sont entourés par les villageois souriants et détendus. Le cacique s'avance et dit : "Nous ne savons comment vous remercier. Depuis que vous nous avez envoyé ces haches, nous sommes plus heureux parce que nous pouvons nous reposer davantage." Inutile de vous dire qu'ils ont été estomaqués. Ce sont deux visions qui s'opposent. Les uns, les Indiens, étaient heureux de pouvoir travailler plus vite et de pouvoir ainsi dégager du temps libre alors que les Américains pensaient qu'ils travailleraient davantage pour avoir encore plus.

Toujours plus ! Voilà bien une notion qui n'a pas encore pénétré dans les crânes des indigènes, au moins de ceux qui sont restés longtemps à l'abri de notre civilisation où la consommation est reine. Une troisième histoire va dans le même sens, vraie elle aussi.

Il s'agit encore d'Américains et d'Indiens dans un pays d'Amérique latine. Un couple de touristes se promène un jour sur un marché et se fait accrocher par un vieil Indien, qui leur propose une chaise. Une belle chaise. L'homme dit à sa femme : "Cette chaise est vraiment belle, nous devrions l'acheter. – Oui, chéri, répond la femme, mais il est dommage qu'il n'y en ait pas six." Alors ils demandent à l'Indien : "Nous sommes encore ici pour trois semaines, est-ce que tu aurais le temps de faire cinq autres chaises semblables ? – Si vous voulez, répond l'Indien. – Combien vaut-elle ? demande l'Américain. – 50 dollars. – D'accord, répond l'Américain. Six chaises à 50 dollars pièce, cela fait 300 dollars. D'accord ? – Pas du tout, répond l'Indien. Celle-là, j'ai eu du plaisir à la faire mais pour en faire une autre semblable, je vais avoir moins de plaisir et, pour la troisième, ce sera encore pire. Donc je double à chaque fois."

J'aime ces anecdotes parce qu'elles montrent bien le quiproquo qui existe entre l'Orient et l'Occident. Les uns limitent tout naturellement leurs besoins alors que les autres n'ont jamais assez. C'est un peu comme pour la chasse. Les Indiens ne prélèvent que ce qui leur est nécessaire pour vivre et il y a Buffalo Bill qui a fait sa réputation en devenant l'exterminateur des bisons. J'ajoute que Buffalo Bill a été le héros de mon enfance. Il ne l'est plus.

Vous vous souvenez sans doute qu'en 1992 on a commémoré le cinq centième anniversaire de la découverte de l'Amérique par Christophe Colomb. J'étais à ce moment-là avec des amis chiliens et ils m'ont dit : "Pour nous, c'est la commémoration de cinq cents années de résistance indienne." Des journalistes ont profité de cette occasion pour faire une enquête. Ils sont allés à San Lucar de Barrameda, un port d'Andalousie, sur le Guadalquivir, là où arrivaient les galions avec leurs chargements d'or et d'argent. Ils ont consulté les registres conservés là-bas et ont découvert que, pendant le siècle qui a suivi la conquête, 185 000 kilos d'or et 16 millions de kilos d'argent avaient été débarqués là.

À la suite de cette enquête, un journaliste vénézuélien a écrit un article savoureux dans lequel il campait le personnage d'un Indien, descendant des Aztèques. Celui-ci déclarait dès son arrivée en Europe : "Je suis venu découvrir ceux qui m'ont découvert. Il m'a fallu un visa alors qu'ils n'en ont pas eu besoin. Je viens ici pour rappeler aux Européens que ces quantités d'or et d'argent qu'ils ont arrachées au continent américain, nous ne considérons pas que ce soit du pillage, Dieu nous en garde. Nous les considérons plutôt comme un plan Marshall que les Indiens ont consenti à l'Europe pour l'aider à se développer. Mais il faudrait tout de même rembourser un petit peu. Nous ne sommes pas mesquins, nous n'allons pas appliquer le taux qu'applique la Banque mondiale pour les pays en développement. Nous nous contenterons d'un taux de 10 % calculé sur quatre cents ans."

Ce journaliste vénézuélien disait avec humour une rude vérité. J'ai d'ailleurs rencontré beaucoup d'Indiens pour qui ce cinq centième anniversaire de la "découverte" de leur continent, qui a été célébré dans le monde entier, est en réalité l'anniversaire d'un des plus grands désastres qui aient frappé l'humanité, le début d'une période de malheur qui n'a pas encore pris fin. »

9
Éloge de la sobriété

Toujours plus ! Votre devoir est de consommer, sinon l'économie s'écroulera ! Voilà des slogans qui font sortir Pierre Rabhi de ses gonds. Des slogans qui, selon lui, mènent le monde à sa perte. Car les ressources de la planète ne sont pas illimitées. Si nous voulons que le monde conserve une certaine harmonie, il en est persuadé, il nous faut être sobres.

Au cours de nos rencontres, à plusieurs reprises, tant le sujet lui tient à cœur, il nous a fait de vibrants éloges de la sobriété. Il faut dire qu'aussi loin qu'il remonte dans ses ascendants, il ne trouve que des ancêtres qui ont vécu sobrement. Il y a en lui un extraordinaire mélange de races, toutes plus sobres les unes que les autres, des Peuls, des Berbères, des Touaregs, des Maures.

« Des Maures, dit-il, qui sont nés dans la région du Rio de Oro. Je suis donc né dans une région de grands croisements entre l'Afrique noire et l'Afrique du Nord. Dans ces lieux, les races sont très mélangées. Je suis un prototype de ce mélange : j'ai les cheveux crépus et la peau claire. Avec les Peuls, je peux passer pour un Peul et avec les Maures pour un Maure. »

Dès sa plus tendre enfance, nous l'avons dit, il a été ébloui par ces caravanes qui faisaient halte dans l'oasis. Ébloui par la noblesse de ces nomades et par leur mépris des possessions terrestres. Car sur le dos d'un chameau, on ne peut pas transporter grand-chose. Cela oblige à ne prendre que ce qui est vraiment indispensable et à ne jamais négliger l'essentiel. Si on oublie la corde pour tirer l'eau du puits, on peut mourir de soif comme on peut mourir de froid si l'on oublie de quoi faire le feu.

« Quand les nomades chargent leurs chameaux, ils n'emmènent que ce qui est lié à leur survie et laissent le reste. Pour eux, le dépouillement est donc une chose normale.

Ces nomades me fascinaient. Ils étaient nimbés de liberté. Ils étaient de partout et de nulle part. Il y avait une espèce de liberté dans leurs mouvements. Ils apparaissaient, puis ils disparaissaient en se dissipant dans le désert. Ce dépouillement m'a fasciné alors que j'étais encore très jeune. Et j'ai compris depuis que notre vie devait être forcément dépouillée. »

Ce qui le frappe par-dessus tout, c'est que, dans notre civilisation, le superflu n'a pas de limite. Il se souvient de son arrivée en Ardèche. Tout son avoir tenait alors dans une petite camionnette. Aujourd'hui, il reconnaît que, s'il devait déménager, il lui faudrait de gros camions. Pourtant, il a le sentiment qu'il n'y a pas grand-chose d'inutile dans sa maison.

« Ce qui est terrible, dit-il, c'est qu'il n'y a pas de limite. Notre société est fondée sur la croissance indéfinie. C'est pour elle un dogme fondamental. On ne cesse de nous répéter de profiter et de le montrer car c'est en consommant qu'on soutient l'économie.

Tous les gouvernements font leur possible pour rassurer les consommateurs afin qu'ils consomment plus. C'est une vue à court terme car on oublie que ce principe est incompatible avec les possibilités de la planète. Le Club de Rome a eu bien raison de crier : "Halte à la croissance !" Hélas ! Il n'a pas été entendu. Nous avons préféré continuer notre course folle. Nous sommes comme les passagers d'un bateau qui voudraient consommer, consommer sans s'occuper de savoir si les réserves sont suffisantes. Cela est d'autant plus grave que nous ne nous contentons pas de consommer, nous gaspillons.

Lorsque je vais dans un pays que je ne connais pas, je visite les dépôts d'ordures. C'est très instructif. Dans les pays scandinaves, j'ai été surpris d'y trouver des frigos, des machines à laver, des ensembles stéréophoniques qui fonctionnaient encore et qui auraient fait mon bonheur.

À l'inverse, dans les décharges des pays pauvres, il n'y a pas la moindre boîte de conserve car celles-ci trouvent un usage, pas une bouteille en plastique vide et, sur les carcasses de voiture, ne subsistent que les éléments absolument inutilisables. Tout est parti jusqu'à la moindre vis. Les ressorts servent à faire des outils ou des couteaux. Cela montre bien la disparité qu'il y a dans le monde.

Cette disparité, je me suis amusé à l'illustrer. J'ai essayé d'imaginer une caméra qui filmerait ce qui se passe sur la terre. Cela donne une pyramide. Tout en bas se trouvent les gens qui marchent à pied, sans doute la majorité de l'humanité. Ceux-ci se déplacent à la vitesse moyenne de 6 kilomètres à l'heure. Au-dessus, ceux qui se sont un peu enrichis et qui ont pu acheter un vélo, doublant ainsi leur vitesse de déplacement. D'autres, un peu plus riches encore, ont pu acheter une mobylette, ce qui leur permet de rouler à 50 kilomètres à l'heure. On trouve ensuite ceux qui ont pu acheter une voiture et qui roulent à une moyenne de 80 kilomètres à l'heure. Nous sommes déjà vers le haut de la pyramide. Encore plus haut, il y a ceux qui prennent l'avion et qui se déplacent à 800 kilomètres à l'heure. Au-dessus, ceux qui sont assez riches pour prendre le Concorde et qui volent à 1 500 kilomètres à l'heure et enfin, tout à fait en haut, à l'extrême pointe de la pyramide, apparaissent les cosmonautes qui vont jusqu'à 28 000 kilomètres à l'heure.

Entre ces divers étages de la pyramide, il existe des points de passage. Tous ont le désir d'arriver au maximum, tous peuvent se dire que, s'ils n'ont pas leur avion privé, ils n'ont pas réalisé tous leurs désirs. Voilà pourquoi ce système est absurde. Imaginez ce que nous allons devenir lorsque tous les Chinois se diront : "Moi aussi, j'ai besoin d'une bagnole !" Alors il y aura un milliard de voitures en plus sur la terre, ce qui est irréalisable. Cela montre bien que nous sommes engagés sur une voie absurde.

Je connais beaucoup de gens qui passent leur temps à crier contre les multinationales. Ils ont tort puisque tout en criant, ils continuent à alimenter leur système. Ils continuent à acheter les gadgets au fur et à mesure de leur sortie, à multiplier les kilomètres inutiles, à consommer sans mesure et sans frein. Vous allez me dire que j'en fais autant mais ce n'est pas vrai. Je m'efforce de me soumettre à une autolimitation. Ce faisant, je freine la course qui mène à l'implosion. J'essaie de me plier à une loi morale très simple : chaque fois que je possède quelque chose de superflu, je suis un voleur. Car ce superflu, c'est mathématique, je le possède au détriment de quelqu'un. L'équation est simple : plus j'accumule au-delà du nécessaire, plus j'outrepasse mon bien légitime et plus j'empiète sur le bien d'autrui. Je dis "je" car je ne m'exclus pas du système, je me laisse piéger comme tout le monde.

On nous présente toujours la pauvreté comme une vertu chrétienne mais, pour moi, c'est surtout une vertu politique. Ou si vous préférez, une réponse éthique, politique et spirituelle. Elle est aussi écologique puisqu'elle limite les prélèvements que nous faisons sur cette planète. Je ne dis pas qu'il faut vivre dans la misère. Il y a une différence entre pauvreté et misère. Je dis simplement que nous devons limiter nos besoins, arriver à un équilibre entre l'être et l'avoir. Je vous assure qu'il y a un confort dans cet équilibre.

Nous aurions pu, nous aussi, entrer dans le productivisme, avoir cent chèvres ou plus. Alors, c'est certain, Michèle et moi, nous n'aurions pas eu le temps de nous impliquer dans la solidarité avec d'autres peuples. Voilà pourquoi, nous avons placé la limite à une trentaine de chèvres. La société nous dit qu'avec de l'argent on peut tout résoudre mais ce n'est pas vrai, vous le savez bien. Là aussi, il faut trouver l'équilibre. Je sais que ce n'est pas facile mais cette limite, chacun d'entre nous se doit de la trouver. C'est un état de conscience.

Bien sûr, nous avons des besoins, et nous devons les respecter. Nous devons manger sans excès mais à notre faim, nous devons avoir chaud l'hiver et pouvoir nous déplacer. Là où nous habitons, par exemple, nous avons absolument besoin d'une voiture. Au début, je n'avais que de vieilles 2 CV jusqu'au jour où je me suis engagé dans la lutte pour aider les peuples en souffrance. Alors il m'a fallu me déplacer beaucoup. Un jour, je suis tombé en panne alors qu'on m'attendait pour une conférence. J'ai été à la fois dans le stress et en retard. Maintenant je sais que, sans aller jusqu'au luxe, il me faut des voitures plus fiables si je veux mener ma mission à bien.

C'est cela pour moi, la sobriété : bien vivre mais sans excéder ses besoins. On ne peut imposer de règles, à chacun de penser juste et de trouver sa limite. Je suis comme tout le monde, je vis dans une contradiction constante, il n'y a pas moyen de m'y soustraire mais j'essaie de réduire cette contradiction, de ne pas continuer à nourrir le dragon que je voudrais détruire.

Attention ! Ne me faites pas dire ce que je ne veux pas dire. Je ne veux pas revenir aux chars à bœufs et à la chandelle. Je ne suis absolument pas contre le progrès technique mais je veux qu'il devienne l'auxiliaire du genre humain, qu'il contribue à améliorer l'existence de l'homme sans en faire son esclave. Je ne suis pas non plus contre l'argent. Les hommes ont besoin d'échanger et on n'a pas trouvé de meilleur moyen. Je ne diabolise pas l'argent. Il fait circuler la vie. Mais il devient nuisible lorsqu'il sort de son rôle strict d'échange pour prendre une autre nature. En ce moment, il devient de plus en plus inconsistant, de plus en plus virtuel pour employer une expression à la mode. Il est devenu avant tout spéculatif au point de tout dominer et de susciter une démence universelle. Sa nature n'est pas mauvaise mais son usage s'est perverti.

J'ai parfois l'impression que la planète est devenue un gigantesque casino. On joue l'argent de mille manières. J'entends dire qu'il y a mille cinq cents milliards de dollars de transactions quotidiennes[1]. C'est d'autant plus fou qu'il y a à peine 5 % de ces sommes énormes qui entrent dans l'économie réelle. Tout le reste est virtuel. Et cet argent baladeur s'accumule de plus en plus dans les poches des riches qui deviennent plus riches alors que les pauvres ne cessent de s'appauvrir. Nous allons de perversion en perversion et cela risque, croyez-moi, de faire imploser la planète. Il faut revenir à la raison et à un peu plus d'humanité et de générosité.

Quand je vois la profusion de la nature, tout ce qui nous est donné, je me dis que personne sur la terre ne devrait souffrir de la faim. Rendez-vous compte : vous mettez un grain de blé dans la terre et, si tout va bien, il vous donne trente-cinq épis. À raison de cinquante grains par épi, cela vous fait un minimum de mille sept cents grains. C'est extraordinaire. Une graine de tomate, à peine visible, donne un plant et, selon les variétés, cinq ou six cents grains. Il en va de même pour tout, à condition, bien sûr, de ne pas faire d'hybrides.

Oui, vraiment, je l'affirme, je ne cesse de m'émerveiller devant la richesse, la profusion de la nature. La terre est assez riche pour nourrir tous ses enfants. Si nous le voulions, si nous prenions les mesures appropriées, au prix, peut-être, d'une faible diminution de nos niveaux de vie, au prix d'un peu de sobriété, il ne nous faudrait pas longtemps pour faire cesser ce scandale. »

1. Aujourd'hui, 4 000 milliards de dollars s'échangent chaque jour sur le marché des changes et les transactions financières journalières représentent plus de 8 000 milliards de dollars. En 2011, le montant des transactions financières mondiales représente près de quatorze fois le produit brut planétaire annuel.

10

Le miracle de l'eau

D'un bout à l'autre de nos conversations, nous avons été passionnés par les capacités d'émerveillement que nous avons trouvées chez Pierre Rabhi. Non pas un émerveillement naïf car, nous l'avons vu, il n'a pas d'illusions, il sait voir le mal là où il est. Il porte même des jugements d'une sévérité extrême sur les déséquilibres et les injustices de nos sociétés. En même temps, il arrive souvent que son regard s'éclaire devant un arbre, une rivière, un coucher de soleil. La nature est son inspiratrice et son amie. Nous qui aimons tellement la petite rivière au bord de laquelle nous vivons, nous avons tout particulièrement aimé ce qu'il nous a dit de l'eau, même si, par moments, il lui arrive de se laisser gagner par le pessimisme.

Il commence par rappeler que sur l'énorme masse de l'eau circulant sur la terre l'eau potable représente à peine 3 %. De quoi abreuver largement l'espèce humaine.

« La répartition n'est pas toujours équitable, affirme-t-il, mais jusqu'à maintenant, l'eau a toujours été un don du ciel gratuit. Même dans mon désert, nous avions de l'eau pour boire, de l'eau qui était en même temps le symbole de la vie. Plus elle est rare et plus vous vous rendez compte de sa valeur. Pour moi, enfant de l'oasis, l'eau est sacrée et je souffre vraiment quand je vois qu'elle est profanée, polluée, gaspillée...

Jusqu'à l'industrialisation, notre relation à l'eau était harmonieuse. Elle tombait du ciel, arrosait la terre, alimentait les sources et tout allait bien. Puis il en a fallu de plus en plus pour laver les minerais, refroidir ceci ou cela. Alors que l'eau était symbole de liberté, on a voulu la domestiquer et, ce faisant, la détourner de sa vocation première.

Nous sommes passés de la simple gestion au productivisme et donc à un usage extravagant de l'eau. Voyez ce qui se passe avec les nitrates. Le sol en est saturé, les nappes phréatiques empoisonnées et l'atmosphère elle-même est atteinte. Nous connaissons maintenant des pluies acides qui peuvent détruire des forêts entières. Autrefois, je m'en souviens, il y avait des sources pures. Elles sont maintenant difficiles à trouver. »

Je lui dis que, dans mon enfance, lorsque nous allions à la pêche dans la chaleur de l'été, nous buvions l'eau de la rivière et il lève les bras au ciel :

« Vous ne risquez pas de faire cela maintenant. C'est une grande malédiction que d'avoir ainsi pollué un élément qui nous constitue à 75 %. Cent dix ministres se sont réunis un jour à La Haye pour parler de l'eau. Ils ne semblent pas avoir pris conscience qu'ils débattaient sur un élément dont ils étaient faits.

Et pourtant… en perdant cette conscience, nous en arrivons à considérer l'eau comme un matériau qu'on peut utiliser pour gagner de l'argent, pour constituer un capital. C'est là une dépravation de l'esprit. Je suis terrifié de voir que l'eau qui, pendant des millénaires, nous a été donnée gratuitement est en train de devenir de plus en plus chère. Dans une nature non polluée, elle est un vecteur d'énergie, au cours de sa circulation, elle absorbe des quantités importantes d'oxygène. Et l'eau minérale, quand elle jaillit des sources, est carrément une bombe énergétique. Si on l'absorbe dans cet état-là, elle est énergisante mais elle perd une grande partie de ses propriétés à partir du moment où elle stagne dans des bouteilles.

À mes yeux, l'eau nous relie au cosmos. Nous sommes dans ce courant, dans ce fluide. L'eau passe à travers nous et, si elle est saine, elle imprègne notre corps de son énergie. Mais elle devient dangereuse lorsqu'elle est sale. Elle capte tout un tas de saletés et nous en imprègne. Nous sommes dans le cycle.

J'entends souvent dire que l'eau va manquer dans le monde et je ne suis pas d'accord. Je prétends que l'eau n'est pas insuffisante mais que nous en faisons un usage immodéré. Quand je vais dans le Sahel, je vois des processions de femmes qui vont chercher l'eau à la source. Elles sont joyeuses et transmettent à cette eau leur jubilation. Je me demande souvent pourquoi les religions n'insistent pas davantage sur cette merveille qu'est l'eau. Il faudrait dire aux enfants : "Attention ! L'eau est sacrée, comme la vie, l'être humain, l'arbre, l'animal." Si les religions tenaient ce langage, elles deviendraient des religions reliantes. Je sais bien que François d'Assise, qui est mon ami, a parlé de sa sœur l'eau mais depuis, je trouve que les religions n'ont pas été vigilantes et j'ai du mal à l'accepter. Devant ce qui se passe, face à des problèmes comme celui des OGM, elles devraient dire avec solennité : "Attention ! Il ne faut pas toucher au vivant, à la terre, aux forêts et, bien sûr, à l'eau."

On parle toujours du "problème de l'eau" mais s'il y a problème, c'est que nous avons pris des habitudes de consommation dépensière absolument folles. L'agriculture en demande de plus en plus. Voyez les quantités d'eau nécessaires aujourd'hui pour obtenir du maïs, lequel maïs n'est même pas destiné à la consommation humaine mais à l'alimentation animale pour faire du saucisson et des choses comme ça. C'est fou, je vous assure, et je considère qu'ici nous jouissons d'un grand privilège car nous avons encore de l'eau pure.

En conclusion, j'ai envie de dire qu'il n'y a rien de plus fascinant que l'eau. Voyez comme le regard et l'âme se reposent devant un fleuve, un lac ou même un simple étang. L'eau féconde la terre, elle est de l'énergie, elle est le sang de la terre. Il est très important de ne jamais l'oublier et de savoir que tout le mal que nous faisons à l'eau finit toujours par retomber sur nos têtes. »

11
Nos frères les animaux

Nous l'avons remarqué à plusieurs reprises lors de nos entretiens avec Pierre Rabhi : si l'on veut susciter son indignation, le faire sortir de ses gonds, il faut lui demander de parler du sort que les hommes réservent aux animaux, qu'ils soient sauvages ou domestiques. À ses yeux, il s'agit là d'un grand et grave sujet. Car l'homme est une calamité pour l'animal, un bourreau sans foi ni loi. Il n'est même pas conscient des souffrances qu'il lui impose. Nous sommes tous responsables de cette souffrance et cela continuera jusqu'au jour où nous comprendrons enfin la somme des souffrances que nous imposons aux animaux.

Le jour où nous l'avons interrogé sur l'animal, il a tout de suite embrayé sur la vache folle :

« Depuis le début de ce drame, j'ai écouté tous les discours, j'ai lu tout ce que j'ai pu trouver et j'ai été frappé par le fait que, jamais, les soi-disant "spécialistes" qui ont pris la parole n'ont parlé de la vache comme d'une créature vivante. Encore aujourd'hui, ils ne parlent que des menaces qui pèsent sur l'homme. Pour moi c'est une horreur parce que nous occultons complètement la responsabilité que nous avons dans cette situation. Nous créons la souffrance animale et nous la banalisons, nous n'avons même plus de sensibilité.

Cela m'a frappé au cours d'un stage que j'ai organisé à la maison. Il y avait là une douzaine de stagiaires dont trois étaient Africains. Je les ai emmenés visiter un élevage de porcs non loin d'ici. Nous avons été reçus par un homme charmant qui nous a fait visiter sa porcherie avec une grande fierté. Nous nous sommes attardés près d'une mère truie sanglée par terre, attachée de façon à ce qu'elle puisse faire téter ses petits sans risquer de les écraser. C'était très pratique, très rationnel, un véritable libre-service disposé à la bonne hauteur. Pendant le premier âge des porcelets, la mère reste sanglée ainsi sans pouvoir bouger. Plus tard, on lui enlève ses petits, on les nourrit dans une nursery où on les force afin de pouvoir les abattre le plus tôt possible. Je vous l'assure, c'est un spectacle terrifiant.

Si j'avais eu affaire à une brute, je ne me serais pas étonné mais le propriétaire de cette porcherie "modèle" était, je vous le répète, un homme charmant, courtois, parfaitement bien élevé. Il nous a expliqué qu'il n'y avait pas moyen de faire autrement sous peine de devoir mettre la clé sous la porte. C'est comme cela aujourd'hui dans l'élevage moderne, qu'il s'agisse des porcs, des poules, des veaux, des dindes ou des oies et j'en oublie. J'ajoute que, parmi les stagiaires, seuls les Africains ont été indignés, affirmant que l'homme n'avait pas le droit de traiter ainsi ses animaux.

Ce que je trouve effrayant, c'est la banalisation de cette souffrance. Au nom de la rentabilité, on fabrique de véritables camps de concentration, on enferme par exemple les veaux dans des cadres pour que leur viande soit blanche et je ne parle pas du sort que nous faisons subir aux malheureuses poules pondeuses. Comment voulez-vous que les œufs, la viande ou le lait soient bons pour l'homme dans ces conditions ?

Ces animaux domestiques nous ont aidés à traverser les millénaires, nous ont accompagnés dans notre destin, nous ont donné leur chair, leurs œufs, leur cuir, leur lait, leur force et leur fidélité. Et nous les avons atrocement trahis. Nous ne les percevons plus comme des êtres vivants, nous nous arrogeons en quelque sorte un statut privilégié sur toute la création et sur toutes les créatures. Nous nous donnons le droit de les brutaliser, de les faire souffrir de mille et une façons. Je trouve cela lâche car nous avons affaire à l'innocence. Face à l'homme, les animaux sont des innocents persécutés.

Revenons à la vache. Nous avons du mal à le croire aujourd'hui mais, dans le passé, elle a eu droit à un véritable statut honorifique. Pour nous en tenir à l'Afrique, elle a été considérée comme sacrée par de nombreux peuples, les Peuls ou les Tutsis par exemple. Voyez ces vaches magnifiques avec leurs petites têtes sauvages surmontées d'une grande lyre si imposante. Voyez leurs yeux comme s'ils étaient fardés de khôl. Ne dirait-on pas qu'elles sont prêtes à toutes les jubilations ? Leurs pasteurs voient en elles un mystère, des êtres qui ont un lien avec l'invisible et qui peuvent intercéder pour l'humanité. Voyez ce que la vache est devenue dans le monde d'aujourd'hui : une marchandise et rien de plus. Je vois là un véritable sacrilège[1] ! »

Il est beau, Pierre Rabhi, quand il s'indigne ainsi. Beau et aussi tragique car il souffre, c'est évident, de cette souffrance imposée à tous les animaux, à tous ces compagnons de l'homme depuis si longtemps. Et lorsqu'il prend leur défense, il a trop souvent le sentiment de se battre contre des moulins à vent. Les hommes peuvent-ils même le comprendre en cette époque où ils ne pensent plus qu'à la rentabilité ? Il ne cesse de dénoncer les manipulations dont sont victimes aussi bien les plantes que les animaux domestiques, des manipu-

1. Notons ici que Pierre Rabhi a eu une vache sur son terrain pendant quelque temps. « Nous l'avions appelée "la Mama", et sa présence a véritablement modifié l'atmosphère, elle m'a fait un bien fou, vraiment. C'est là que j'ai compris pourquoi tant de peuples ont donné à la vache tant de statuts particuliers, parce qu'elle est calme dans son comportement, jamais en train de courir, énervée comme la chèvre, elle est très placide et ensuite, elle a des moments de rumination où on a l'impression qu'elle prie ou qu'elle médite, c'est d'une tranquillité extraordinaire. On pouvait distinguer entre avant et pendant le moment où elle était là. Ça a été une transformation profonde… »

lations qui constituent à ses yeux autant de transgressions.

Il s'étonne de ce paradoxe : alors que nous brutalisons sans merci les vaches, les moutons, les porcs ou les volailles, nous chouchoutons les animaux de compagnie au point que leur consommation en nourriture, en soins vétérinaires, en toilettage représente trois fois le budget actuel du Burkina Faso. Il se demande si ces animaux adulés sont toujours des animaux heureux, si un gros chien fait pour courir dans la campagne est réellement heureux de vivre enfermé dans un petit appartement.

Il est indigné lorsqu'il pense à la vivisection et il se désole de constater que, dans la région qu'il habite, il est de plus en plus rare de rencontrer du gibier. Lors de son arrivée, lapins, lièvres, faisans et perdrix pullulaient. Il n'y en a pratiquement plus à cause sans doute d'une chasse excessive et aussi de tous les poisons répandus dans la nature.

> « Si vous rencontrez un faisan, il fait mine de venir manger dans votre main car il sort d'un élevage où il a été nourri ainsi depuis sa naissance. On trouve des sangliers, c'est vrai, mais c'est parce que les "spécialistes" ont imaginé de les croiser avec des porcs, si bien qu'au lieu de deux portées chaque année de trois ou quatre marcassins, les laies ont maintenant deux à trois portées de dix à quinze petits. »

Toujours cette manie de manipuler la nature ! Résultat : ces bêtes sauvages sont devenues domestiques et Pierre Rabhi se demande le plaisir que peut éprouver un chasseur à tirer ces sangliers qui sont devenus des porcs.

Même les animaux sauvages sont désormais considérés comme des objets de consommation, les rhinocéros, les éléphants, les buffles, les grands fauves que des Occidentaux oisifs prennent plaisir à tuer, un plaisir que lui, Pierre Rabhi, ne parvient pas à comprendre. Il ne comprend pas davantage qu'on puisse chasser des baleines pour récolter leur graisse et faire de leur viande de la nourriture pour chiens, ces baleines dont il dit qu'elles sont à ses yeux porteuses d'un message spirituel. Il parle des dauphins que l'on pervertit pour en faire des porteurs de bombes, de véritables torpilles vivantes. « Il faut, dit-il, que les êtres humains soient vraiment épouvantables pour transformer en assassins ces êtres d'innocence et d'amour. »

Que faire face à tous ces désastres ? On sent qu'il aimerait bien donner des réponses concrètes mais il sait que les puissants de ce monde ne sont pas prêts à entendre ce qu'il a à dire.

> « Il faudrait repartir de zéro, affirme-t-il, partir de la conscience et surtout de la compassion. Nous devons comprendre que notre intelligence n'est pas faite pour dominer mais pour aimer. Si nous

n'avons pas la compassion, nous sommes l'horreur de la planète.

J'ai souvent le sentiment que nous vivons à l'envers. Notre notion du temps, par exemple, est erronée. Nous avons l'impression qu'il passe et que nous, nous restons immobiles à le regarder passer. Quand on dit cela aux Africains, ils nous répondent : "Ce n'est pas vrai, c'est nous qui passons." Réfléchissez à cela et vous comprendrez à quel point c'est vrai. Si nous vivions ainsi, nous aurions une notion du temps beaucoup plus juste. De la même façon, nous sommes persuadés que la Terre appartient à l'homme mais c'est faux, la Terre ne nous appartient pas, c'est nous qui appartenons à la Terre. Un jour je mourrai et je n'emporterai rien avec moi.

La Terre, nous sommes là pour la protéger, la cultiver et certainement pas pour l'exploiter. Quand je pense que nous avons remplacé ce beau mot de paysan par celui d'exploitant agricole ! C'est un véritable contresens et c'est tragique. Cela me met hors de moi. Nous ne sommes pas là pour dominer ou exploiter les plantes ou les animaux mais pour les aimer.

Je rencontre beaucoup de chrétiens et m'étonne de voir à quel point la plupart sont insensibles aux vraies valeurs de la nature. Ils ont vis-à-vis d'elle une attitude de propriétaires, de dominateurs. Je suis persuadé qu'avoir la foi, c'est être sensible à la nature, à l'animal, aux arbres, aux plantes. J'en ai vraiment assez de toutes ces proclamations qui mettent l'être humain au-dessus de tout, qui lui donnent le droit de faire ce qu'il veut de la Terre, des plantes, des animaux, des océans… Alors que l'homme est incroyablement destructeur.

Si nous ne revenons pas au sacré, nous sommes perdus. Cela d'autant plus que l'homme a aujourd'hui des moyens terrifiants pour imposer sa loi et détruire cette nature au sein de laquelle il est immergé. La véritable éducation serait celle qui rendrait les jeunes conscients de l'aspect sacré de la nature. Cela devrait être une priorité absolue et, dans ce domaine, j'ai le regret de dire que les religions n'ont pas joué leur rôle. J'ai échangé des lettres avec Théodore Monod. À ses yeux, le christianisme n'a rien fait pour nous apprendre à aimer les animaux, les plantes, la nature. Il nous a au contraire poussés à nous ériger en dominateurs. Vous voyez le résultat.

Personnellement, dans les débats publics, je m'efforce d'aider les hommes à prendre vraiment conscience de leur responsabilité à l'égard de la nature et des animaux. Je mets toujours en avant le fait que nous sommes totalement en transgression. J'affirme que les créatures qui nous entourent ont autant de droits que nous. Je ne vois pas pourquoi nous aurions seuls le droit d'exister. J'invite les êtres humains à cesser d'être des prédateurs et à regarder les bêtes avec gratitude pour tout ce qu'elles nous donnent. Moi, je ne cesse de m'émerveiller. Lorsque je vois voler un aigle, j'éprouve une bouleversante émotion, un sentiment fou de liberté.

Je ne dis pas que tous les hommes doivent devenir végétariens du jour au lendemain mais je voudrais, lorsqu'ils doivent sacrifier un animal pour s'en nourrir, qu'ils fassent comme les Amérindiens en lui manifestant leur gratitude et en lui épargnant une souffrance inutile. Croyez-moi, cela changerait tout si nous pouvions déjà cesser de faire souffrir les animaux sans raison. Il m'est arrivé de voir des corridas à la télévision et j'ai été horrifié. C'est quelque chose de lâche. Cette pauvre bête qu'on n'arrête pas d'agacer, les banderilles… La vanité de l'homme face à ce malheureux animal. Il m'est arrivé de souhaiter que le taureau ait, pour une fois, le dessus. Mais dans ce cas, on vole au secours du matador et on tue le taureau comme s'il était coupable, alors qu'il est innocent. C'est fou.

Je vous l'ai déjà dit, je crois, mais il m'arrive d'imaginer la fête qu'il y aura chez les éléphants, les rhinocéros, les baleines, chez tous les animaux si l'espèce humaine disparaissait, victime de sa propre folie.

L'homme n'est pas l'être supérieur qu'il croit être. Il n'est vraiment supérieur que lorsqu'il cultive cette vertu trop rare qu'est la compassion. »

12

Un autre regard sur l'éducation

C'était le premier matin de notre séjour chez Pierre Rabhi. Il nous avait fallu chercher pour trouver le chemin. À peine y étions-nous engagés que nous avons eu la surprise de nous trouver dans un embouteillage. Devant nous, des voitures avançaient au pas et d'autres descendaient en sens inverse. Le chemin était si étroit qu'il était difficile de s'y croiser.

Nous ne comprenions pas : atteindre ce qui semblait être le bout du monde et y retrouver les encombrements de la ville ! Nous sommes enfin arrivés, nous avons trouvé une place sur le parking et là, nous avons compris : c'était l'heure de la sortie des classes, et il y avait là, tout au bout du chemin, une école toute pimpante en bois verni. Une école pas comme les autres, fondée par Sophie, l'une des filles des Rabhi et où l'on pratique la méthode Montessori[1].

S'il y a une école juste en face de la maison familiale, ce n'est pas un hasard car Pierre Rabhi a toujours été passionné par les problèmes de l'éducation. Il connaît bien les enfants et les aime tout naturellement. Il se sent bien avec eux. Il a constaté que la plupart d'entre eux étaient assaillis par l'angoisse. Même les enfants qui ont des parents heureux et apaisants n'y échappent pas car à peine ont-ils mis les pieds à l'école qu'on commence à leur faire peur, à les lancer dans ce cycle infernal de la compétitivité.

On leur apprend qu'ils doivent lutter, que le monde dans lequel ils vont entrer est un monde difficile et qu'ils vont devoir en baver pour faire leur place au soleil, pour trouver du travail et gagner leur vie.

> « Ne vous étonnez pas, insiste Pierre Rabhi, si les enfants sont angoissés. On devrait leur souhaiter la bienvenue dans le monde, leur expliquer que chacun d'entre eux est le complément des autres, que la loi la plus sacrée est celle de la solidarité. Au lieu de cela, on les lance dans une compétition acharnée, dans un processus de domination. Et les plus faibles sont laissés pour compte.

1. Désormais, l'école est au Hameau des Buis. Voir, pour plus de détails, le site www.la-ferme-des-enfants.com.

Ajoutez à cela qu'on les laisse regarder tout ce qu'ils veulent à la télévision, qu'à l'heure des repas ils voient des gens mourir sur leurs écrans, qu'ils sont témoins de guerres et d'atrocités, qu'ils voient des enfants comme eux, fous de terreur, courir sous les bombes. Ils sont saturés d'images terrifiantes. Comment ne seraient-ils pas habités par la peur ?

Ils ne vivent que les drames, les tragédies. Même leurs bandes dessinées sont atroces, et laides pardessus le marché. Il leur faudrait une singulière force de caractère pour résister à un tel matraquage. »

Aux yeux de Pierre et de Michèle Rabhi, l'éducation est un problème immense, un problème dont l'Éducation nationale, malgré ses milliers de professeurs, ne semble pas avoir pris toute la mesure. Ils n'attaquent personne, ils se contentent de constater. En fait d'éducation, ils ont le sentiment que, de nos jours, on fait plutôt de l'endoctrinement, du politiquement correct. On ne parle plus guère des valeurs essentielles, du service, de l'amour pour les autres, de la solidarité... La grande préoccupation semble être de faire des citoyens standardisés qui fonctionneront selon le même schéma. L'idéologie fondamentale semble être celle de la productivité et surtout de la compétitivité. Les tests eux-mêmes n'ont pour but que de définir le niveau d'excellence des uns et des autres dans la société.

« Regardez autour de vous, s'exclame Pierre Rabhi, et dites-moi si vous n'avez pas le sentiment qu'on cherche avant tout à faire des enfants des consommateurs. Voyez les modes qui sévissent dans les écoles, les vêtements qu'il faut changer sans cesse et qui coûtent aussi cher que ceux des adultes. Voyez les exigences de nos chers bambins qui veulent le dernier jeu électronique tout comme leurs parents veulent la dernière voiture ou le dernier magnétoscope. C'est de la folie. Je le vois bien autour de moi : l'enfant passe par toutes les phases de l'initiation pour acquérir le savoir, le savoir-faire afin de devenir un consommateur type et, si possible, un producteur.

C'est la fonction de l'individu qui intéresse l'Éducation nationale et pas tellement l'individu en tant que tel. Il faut qu'il joue un rôle bien défini dans la société. Qu'il s'épanouisse ou non, c'est secondaire.

Vous allez dire que j'exagère mais je vous assure que nous sommes en train de préparer un énorme naufrage en matière d'éducation. »

Tout cela est un peu triste, un peu pessimiste et nous le faisons remarquer à notre interlocuteur. Les choses sont-elles donc si noires ? N'y a-t-il pas dans son discours un peu de catastrophisme ?

Il saisit la balle au bond :

« Vous dites cela parce que vous ne prenez pas en compte un élément essentiel. Vous continuez à raisonner comme si nous étions encore dans les

Trente Glorieuses, comme si nous allions continuer à vivre dans une société de plus en plus prospère où l'activité sera tellement soutenue qu'il y aura du travail pour tout le monde. Moi, au contraire, j'ai la conviction que les temps à venir seront beaucoup plus difficiles. Nous entrons, sans trop nous en rendre compte, dans une période de guerre économique mondiale, dans le règne des aveugles lois du marché et de la compétition forcenée. Seuls les plus forts s'imposeront. Les autres sombreront s'ils n'ont pas été éduqués pour survivre. Pensez au mépris dans lequel on tient aujourd'hui le travail manuel alors qu'il permettrait de survivre et de vivre bien à ceux qui seront largués par le système. Regardez, je n'invente rien : même les diplômés, des gens qui ont des bacs plus cinq ou six, ont du mal à s'insérer. Alors qu'est-ce que cela va être demain !

Le pire à mes yeux c'est que plus nous allons et plus les enfants sont déconnectés du monde vivant. Il faut qu'ils y reviennent, qu'ils retrouvent la nature et ses merveilles, le bonheur de vivre dans un environnement sain, de découvrir par exemple la vie à la ferme. C'est ce que nous essayons de faire ici. »

C'est en tout cas ce qu'ils ont réalisé avec leurs propres enfants. L'intuition qu'ils ont eue dès leur première rencontre s'est révélée juste : il n'était pas normal de mettre des enfants au monde dans un milieu aussi déshumanisé que celui d'une banlieue parisienne. Alors, au prix d'un gigantesque effort, ils ont offert à leurs enfants ce luxe inouï : une enfance dans une ferme, au sein de la beauté, au contact d'une nature préservée, des plantes, des animaux… Ils leur ont enseigné la solidarité et ils les ont tenus à l'écart de cette compétitivité effrénée qui est à leurs yeux le fléau de l'éducation moderne. Car ils en sont persuadés, cette insistance sur la lutte pour la vie est à la base de toutes les angoisses qui assiègent les jeunes d'aujourd'hui.

Résultat : leurs cinq enfants sont maintenant engagés sur des voies qui leur apportent beaucoup de bonheur. Cécile, l'aînée, la seule qui soit née à Paris juste avant le départ pour l'Ardèche avait, très jeune déjà, deux passions : le cheval et la musique. C'est finalement la musique qui l'a emporté et plus spécialement la percussion. Elle a eu du mal, bien sûr, après avoir quitté le cocon familial. Elle s'est débrouillée en donnant des cours de percussion jusqu'au jour où elle a été engagée par un groupe avec lequel elle est partie pour un tour du monde. Elle est aujourd'hui une professionnelle reconnue dans la spécialité qu'elle a choisie.

Vianney, lui aussi, aime profondément la musique et il a choisi la guitare classique mais, au contact de son père, il s'est passionné pour l'agriculture. Il est devenu ingénieur agricole mais, en même temps, il est entré au Conservatoire de Marseille, puis à celui de Paris où il a obtenu un premier prix. Comme son père et son grand-père le forgeron, il a des mains en or. Il est capable de démonter et de remonter des voitures. Il a créé une petite entreprise dans laquelle il travaille avec son frère[1].

Ce frère, David, est lui aussi musicien, comme d'ailleurs toute la famille. Pierre lui-même a longtemps joué du violon tandis que Michèle continuait à travailler le violoncelle. David fait partie d'un groupe et fourmille de projets. Sophie, nous l'avons vu, est éducatrice. C'est elle qui a fondé l'école Montessori « La Ferme des enfants », un vrai succès à l'échelle de la région[2].

Le petit dernier s'appelle Gabriel. Sa mère dit de lui qu'il est un « enfant délicieux », plein de créativité. Comme son père, il joue du violon. Il écrit aussi de la musique. Il s'est découvert une passion pour l'informatique. Il a créé un jeu qui marche bien et dont il a signé le graphisme, la programmation et la musique.

Cinq enfants heureux qui font ce qu'ils ont toujours voulu faire. Pierre Rabhi répète souvent que ce qui lui donne de la crédibilité en matière d'agriculture, c'est d'avoir commencé par appliquer ses

1. Cette petite entreprise est devenue grande en dix ans : il s'agit du bureau d'études lyonnais MCE-5 qui travaille notamment sur la mise au point d'un moteur thermique à compression variable qui permettrait aux véhicules d'économiser de 15 à 35 % de carburant.

2. Voir *La Ferme des enfants*, par Sophie Bouquet-Rabhi, Actes Sud, 2012.

théories et à réussir. Il pourrait dire la même chose de ses idées en matière d'éducation.

Ce qui nous semble extraordinaire en lui, c'est la cohérence de sa pensée. Pour lui, tout est lié dans le cosmos.

> « Nous ne sommes pas, nous les hommes, des êtres isolés, nous ne sommes pas les maîtres absolus de la Terre, nous devons rester reliés au grand flux de la nature. C'est la condition de notre survie, laquelle survie est aujourd'hui gravement menacée par les excès de la technique et de la chimie. »

La médecine à ses yeux devrait être holistique, c'est-à-dire prendre en compte l'être tout entier au lieu de le saucissonner en une multitude de spécialités qui fait que tant de médecins ne connaissent aujourd'hui qu'un organe ou même une partie d'organe sans appréhender le corps dans sa globalité.

> « La santé, affirme-t-il, n'est pas seulement l'affaire du médecin. Elle est aussi celle du paysan. En fait, le premier responsable de la santé publique est le paysan car nous sommes ce que nous mangeons. Et aujourd'hui nous mangeons mal. Les "spécialistes" préconisent une culture hors sol en affirmant que cela permettrait de faire disparaître les famines. Mais il s'agit là d'une nourriture artificielle coupée de son élément essentiel qui est l'énergie. On ne parle pas assez de l'énergie qui fait

qu'une graine germe dans le sol, qu'elle se polarise, pousse ses racines dans la terre et sa tige vers le haut. Cette double convergence crée l'énergie qui nous est transmise, cette énergie qui crée à son tour la santé. Les hommes de notre temps pensent qu'ils peuvent se nourrir n'importe comment et aller voir le médecin chaque fois que quelque chose ne va pas, comme on porte sa voiture au garagiste. Il faudrait d'abord penser à la santé à partir de la terre. Un paysan qui traite correctement sa terre contribue à la santé publique. Pour moi, c'est une évidence. En résumé, on n'insistera jamais assez sur le fait qu'il ne suffit pas de multiplier le nombre des médecins. Ce qu'il faut, c'est multiplier le nombre des patients responsables de leur santé, capables de se prendre en charge d'une manière consciente. C'est cela aussi, l'éducation. »

13
Éloge de la femme

La nature, l'énergie, la vie, notre Mère la Terre... Depuis le début de nos entretiens, Pierre Rabhi ne cesse de revenir sur ces thèmes essentiels. Ce qui nous amène tout naturellement à parler de la femme et des valeurs féminines, un sujet qui lui tient à cœur. Il suffit, pour le comprendre, de le voir vivre à côté de Michèle, de sentir leur connivence, cette complicité qui, tout au long de leur vie, les a amenés à marcher sur le même chemin, à lutter pour les mêmes causes.

> « Je milite depuis des années, affirme Pierre Rabhi, pour que les femmes soient plus présentes dans les décisions sociales et politiques. Le masculin a trop souvent des réflexes militaires, des biceps mentaux et psychiques. Il est sans cesse en train d'évaluer sa force par rapport à celle des autres.

C'est ainsi que s'est imposé l'instinct de domination, une formidable volonté de puissance qui a déréglé le monde et qui le dérègle encore aujourd'hui. On le constate sur les champs de bataille mais aussi dans les entreprises, sur les stades et au sein de nombreuses familles.

J'ai beaucoup réfléchi pour savoir comment la société devrait évoluer et ma conviction est faite : il faut que le féminin puisse petit à petit, autrement que par la coulisse, entrer dans les décisions et les orientations de la société.

Vous le savez, je voyage beaucoup dans les pays du tiers monde. Plus j'y vais et mieux je me rends compte que la femme est le pilier qui maintient la structure sociale. Par sa nature, par les responsabilités qu'elle assume, par son approche de la vie, elle est extrêmement pragmatique. Non pas dans les idées mais dans le quotidien. C'est pour cela que vous les voyez toutes aller chercher le bois, faire le feu, puiser l'eau, piler le mil… Le résultat est que, chemin faisant, la femme maintient la société.

Ma conviction est donc qu'il est très important que les femmes entrent dans la sphère politique, à condition, bien sûr, qu'elles sachent éviter l'écueil qui consiste pour elles à adopter en tous points la logique masculine.

Vous pouvez le constater avec moi, quand elles sont pragmatiques, réalistes, les femmes apportent toujours quelque chose de précis et de précieux. En revanche, elles n'interviennent pas volontiers dans les domaines de la mort, des conflits, des rivalités, des armements. Dans les grandes entreprises industrielles, il y a peu de femmes, il y en a peu qui inventent, qui se veulent guerrières. C'est totalement contre leur nature car elles vont toujours irrésistiblement vers la Vie. Je parle par expérience. Voyez la place que tient Michèle dans notre existence quotidienne.

À l'inverse de beaucoup de mes semblables, je n'ai jamais renié mon côté féminin. Cela fait parfois sourire lorsque je le dis mais si j'ai un regret, c'est de n'avoir pas porté la vie en moi, porté quelqu'un d'autre que moi-même dans mon propre corps. C'est une lacune considérable qui devrait rendre les hommes un peu plus modestes. Il m'arrive même de le ressentir comme une frustration. À la naissance de ses enfants, l'homme est subsidiaire. La liaison s'établit immédiatement entre la mère et l'enfant et l'homme reste en dehors. Qu'il le veuille ou non, le père est un plus. L'enfant se tourne vers la mère.

S'ouvrir au féminin qui est en nous, voilà ce que nous devrions faire, nous les hommes. Il faudrait pour cela nous libérer de tout ce qu'on nous a appris dans notre enfance, de la compétition, de l'armure qui nous colle au corps et à l'âme, de phrases telles que "un garçon ne pleure pas, c'est bon pour les filles". Oui, nous devons nous libérer mais je reconnais que ce n'est pas facile car cela nous fragilise. C'est une aventure qui n'est pas rassurante du tout. C'est pourtant le seul moyen de créer un monde harmonieux, un monde où la femme et les valeurs féminines trouveront enfin leur vraie place.

Dans *L'Offrande au crépuscule*, j'ai écrit un jour un véritable hymne à la femme. Je vous en livre ces extraits :

Ô femmes, génies insaisissables hantant les puits en pleine lumière. Elles font chanter margelles et poulies, et leurs paroles espiègles, leurs graves secrets, leurs chants, leurs pleurs se confondent sans cesse au cristal de l'eau…

Vous êtes parmi nous, filles du cosmos, porteuses de cadence lunaire et racine unique nourrissant de multiples rameaux déployés sur la terre…

Peut-être devons-nous demander, en un dernier courage, aux femmes gardiennes de l'eau, du feu, de la terre, de gravir les grandes éminences sacrées et faire offrande au crépuscule du reste de notre ferveur, pour que demain ne soit pas sans lumière. »

14
« Une rencontre qui a marqué ma vie »

Dès les premiers tours de roue, la piste se fait cahoteuse. Le 4 × 4 bringuebale, tombe de trou en trou et Pierre Rabhi sait qu'il va en être ainsi tout au long des 330 kilomètres qui séparent Gorom Gorom de Ouagadougou. 330 kilomètres, autant dire dix heures de misère et de chaleur étouffante. Lui qui ne désespère jamais, même lors des coups les plus durs, il avouera plus tard que cette journée a été l'une des plus éprouvantes de sa vie. Il se demande ce qu'il fait là, en plein désert, alors qu'il serait si bien au milieu des siens, dans sa ferme ardéchoise.

Il se demande surtout pourquoi il s'obstine à construire cette base logistique de Gorom Gorom alors que les problèmes s'accumulent et que tant de gens s'acharnent à lui mettre des bâtons dans les roues. « J'étais, avouera-t-il, au bord du désespoir. »

Et voilà qu'il glisse une cassette dans le lecteur. La musique jaillit, s'impose, prend toute la place, chassant d'un coup le mal-être. Il s'agit des *Romances* de Beethoven jouées par Yehudi Menuhin.

Du coup, là, en plein désert, l'atmosphère est transformée.

> « J'ai senti en moi, dira Pierre, quelque chose de nouveau, comme une bouffée d'oxygène. C'était plus que la musique, quelque chose de subtil et de merveilleux qui passait et m'enveloppait tout entier. »

Pierre Rabhi n'oubliera jamais ce moment de grâce et, comme il a des amis qui connaissent Yehudi Menuhin, il lui fera passer une lettre par leur intermédiaire.

Cette lettre est le début d'une rare amitié. Menuhin veut en savoir davantage. Il lit *Du Sahara aux Cévennes*[1], s'enthousiasme, propose son aide : pourquoi n'organiserait-on pas un concert à Montpellier dont la recette irait aux œuvres de son nouvel ami ?

Ce concert a eu lieu devant une salle pleine, animé par les jeunes de l'école fondée par le violoniste. Un merveilleux souvenir.

1. *Du Sahara aux Cévennes ou La Reconquête du songe*, Éditions Albin Michel, 1995.

Menuhin a été tellement passionné par tout ce que lui a révélé Pierre Rabhi, par son enthousiasme, son courage, la clarté de sa vision qu'il n'a pas cessé, par la suite, de correspondre avec lui et de l'aider dans la mesure de ses moyens. Il est même venu lui rendre visite, chez lui dans sa ferme.

« Il s'est assis là, exactement où vous êtes, s'exclame Pierre Rabhi avec un sourire ravi. Il s'est senti bien chez nous.

Dès notre première rencontre, ajoute-t-il, nous avons eu le sentiment de nous reconnaître. Yehudi Menuhin n'était pas seulement un grand artiste, il était aussi un merveilleux humaniste et cet humanisme qui l'habitait l'a transformé de l'intérieur. Il a fait de sa vie une œuvre d'art.

J'ai rarement rencontré un homme aussi préoccupé par le sort de l'humanité. Comme moi, il était pessimiste et même, dans ses pires moments, il avait le sentiment que l'humanité était condamnée. Il pleurait sur les forêts dévastées, sur les espèces animales anéanties, sur les terres menacées, sur les conflits et les guerres inutiles mais cela ne l'empêchait pas de continuer à œuvrer pour qu'il y ait sur la terre un peu plus de bonté et de justice.

Il nous a invités, Michèle et moi, à fêter son quatre-vingtième anniversaire. Nous y sommes allés et nous avons vécu un moment formidable. Nous ne l'avons jamais revu car il est mort peu après. »

Krishnamurti, Yehudi Menuhin… sans doute les deux hommes qui ont le plus marqué Pierre Rabhi, deux êtres d'une extraordinaire élévation de pensée, deux géants qui ont travaillé toute leur existence pour rendre la vie de milliers d'êtres plus riche et plus humaine.

Il est donc naturel que nous laissions la parole à Yehudi Menuhin : il a préfacé *Parole de terre*, un livre dans lequel Pierre Rabhi raconte comme un roman son itinéraire africain.

> « De ses propres mains, a-t-il écrit dans cette préface, Pierre Rabhi a transmis la vie au sable du désert, car la vie est UNE, et la féconde transformation bactérienne rend au sable lui-même le don de pouvoir renouveler les espèces. Cet homme très simplement saint, d'un esprit net et clair, dont la beauté poétique du langage révèle une ardente passion, cet homme a fécondé des terres poussiéreuses avec sa sueur, par un travail qui rétablit la chaîne de vie que nous interrompons continuellement. »

Dix ans après le séjour de Rachel et Jean-Pierre Cartier chez Pierre Rabhi, Anne-Sophie Novel lui a rendu visite à son tour en mars 2012 et a passé trois jours entiers avec lui. Elle l'avait déjà rencontré brièvement à deux reprises, ayant travaillé sur certains projets menés par ses équipes, mais n'était jamais allée chez lui.

Dix ans plus tard…
La politique, en actes

En ce début de printemps, j'arrive à Lablachère avec une certaine dose d'excitation, mais aussi de timidité : le parcours de vie de Pierre Rabhi, ses convictions et ses nombreuses initiatives forcent le respect. Je mesure la chance qu'il m'est donné de m'entretenir avec lui, et d'actualiser ce livre en racontant le chemin parcouru jusqu'à aujourd'hui.

Les lieux ressemblent encore à ceux décrits par Rachel et Jean-Pierre Cartier. Les chèvres en moins, et les bureaux de la fondation en plus, adossés à la maison de Michèle et Pierre Rabhi. Ce dernier est toujours aussi passionné et immergé dans le grand bouillonnement du cosmos. S'il ne cache pas une certaine fatigue physique et certains stigmates du temps, ses propos conservent la même vigueur quand il s'agit d'aborder les injustices de ce monde, la souffrance des petits et le lancement de nouveaux projets.

La Fondation Pierre Rabhi, créée en 2010, a d'ailleurs pour objectif d'assurer la sécurité, la salubrité et l'autonomie alimentaire des populations en soutenant des projets de sensibilisation, d'éducation et de transfert des compétences pour une agriculture plus durable et respectueuse de l'environnement. Sa vocation première est d'éradiquer la faim dans le monde par l'enseignement et la propagation de l'agroécologie.

L'élan créatif de Pierre Rabhi et ses équipes s'est en effet poursuivi avec entrain : depuis 2002, ses initiatives ont bien évolué ! L'association Terre & Humanisme[1], fondée en 1999, continue à œuvrer pour la « transmission de l'agroécologie comme ensemble de pratiques agricoles et éthique de vie visant la relation harmonieuse entre l'humain et la nature ». Chaque année en France, plus de 250 participants assistent aux stages proposés par l'association, qui forme également une dizaine d'animateurs en agroécologie et accueille plus de 200 bénévoles. Pierre Rabhi souhaite d'ailleurs organiser un corps d'agroécologistes sans frontière avec ces animateurs qui s'impliquent, pour certains, à l'international. À l'étranger, Terre & Humanisme est surtout présente

1. www.terre-humanisme.org.

en Afrique (Burkina Faso, Cameroun, Mali, Maroc, Sénégal) où elle travaille avec des associations locales pour la formation en agroécologie, la lutte contre la désertification et la préservation des semences. Une action importante a été engagée sous l'égide d'une association marocaine dénommée Terre & Humanisme Maroc. Un centre de formation et d'accueil est en projet non loin de Marrakech.

Dans le désert économique et social qui ne cesse de s'étendre, le concept des Oasis en tous lieux[1] tente de favoriser l'émergence de lieux de vie écologiques et solidaires. Reposant sur les critères fondamentaux que sont la Terre nourricière, l'autonomie individuelle, l'autonomie collective et l'ouverture au monde, ils fonctionnent par mise en réseau des lieux et des expérimentations existantes. L'association est membre du réseau européen des écovillages (GEN Europe) et souhaite accompagner aussi largement que possible la réussite des projets collectifs d'habitat.

À ce jour, le projet le plus représentatif des Oasis en tous lieux reste le Hameau des Buis[2], un écovillage pédagogique et intergénérationnel créé à l'initiative de Sophie Rabhi et de son mari Laurent Bouquet, avec la complicité d'un collectif de personnes retraitées. Situé à 2 kilomètres de la ferme

1. www.oasisentouslieux.org.
2. www.hameaudesbuis.com.

de Pierre Rabhi, il incarne plus particulièrement trois des idées fortes du Manifeste des Oasis : le vivre-ensemble entre générations, l'éducation des enfants et l'autonomie alimentaire. La Ferme des Enfants[1], fondée en 1999 dans la ferme de Pierre, a été déménagée au Hameau des Buis en 2008, où elle est entourée de vingt logements bioclimatiques. Si l'habitat groupé et les actions pédagogiques sont très développés au Hameau des Buis, le volet agricole demande encore à s'épanouir.

Chaque année, plus de 1 000 personnes viennent visiter le lieu pour en savoir plus sur les modes de vie qui s'y exercent. Certaines d'entre elles se rendent plus spécifiquement au Centre d'Écoformations créé sur place afin d'acquérir des compétences en pédagogie alternative, en éco-construction ou encore en création d'écolieux.

De nouveaux projets ont également vu le jour : le centre des Amanins tout d'abord, un site de 55 hectares né en 2003 de la rencontre de Pierre Rabhi avec l'entrepreneur Michel Valentin[2]. Il abrite une ferme, une école, des hébergements, des salles de réunion, des prés, des champs cultivés et des bois… le tout ayant pour but de favoriser là aussi la transmission des savoirs agroécologiques.

1. www.la-ferme-des-enfants.com.
2. Décédé prématurément le 13 mai 2012.

Autonomes pour l'énergie comme pour l'alimentation, les Amanins accueillent des visiteurs tout au long de l'année et l'école scolarise une trentaine d'enfants, du CP au CM2.

Le Mouvement Colibris, fondé en 2007, ambitionne pour sa part de partager les valeurs de l'ensemble des initiatives inspirées par Pierre Rabhi. Cyril Dion et son équipe ont été chargés de mettre en œuvre le concept et s'y emploient avec succès. Le nom du mouvement fait référence à cette légende amérindienne que Pierre Rabhi rappelle très souvent et qui est désormais largement reprise dans les milieux écologistes :

> « Un jour, il y eut un immense incendie de forêt. Tous les animaux terrifiés, atterrés, observaient impuissants le désastre. Seul le petit colibri s'activait, allant chercher quelques gouttes avec son bec pour les jeter sur le feu. Après un moment, le tatou, agacé par cette agitation dérisoire, lui dit : "Colibri ! Tu n'es pas fou ? Ce n'est pas avec ces gouttes d'eau que tu vas éteindre le feu !"
>
> Et le colibri lui répondit : "Je le sais, mais je fais ma part."
>
> À sa manière, cette petite histoire nous rappelle que face à un désastre dont l'ampleur nous dépasse la seule solution est que chacun agisse à la hauteur de ses possibilités. Cette part de responsabilité assumée dans l'action s'enrichit de l'orientation commune des efforts personnels vers la réalisation d'un même objectif. »

Au quotidien, le mouvement encourage une dynamique de créativité au sein de la société civile et vise à soutenir, inspirer et relier ceux qui veulent construire une société écologique et humaine. Pour cela, l'association met en lumière les solutions les plus abouties dans chaque domaine et propose des outils concrets afin de favoriser leur mise en œuvre sur les territoires. La coopération entre citoyens, élus et entrepreneurs est encouragée et permet à chacun d'agir individuellement ou collectivement sur son lieu de vie.

Cette ambition a été poussée par l'enthousiasme qui s'est révélé autour de la candidature de Pierre Rabhi à l'élection présidentielle de 2002. Une candidature inattendue de la part d'un homme toujours en verve contre le monde politique.

> « Sans jugement des individus et des consciences, je suis spectateur comme tout le monde du débat politique, explique-t-il, mais la politique rappelle la maternelle sans l'innocence, relève-t-il. Les dérives démagogiques, des armes de séductions aux promesses non tenues, sont des mensonges évidents et illusoires. Je n'attends rien de ce qui constitue le substrat de la société. La société doit transcender ce qui l'a enlisée jusqu'à maintenant, ses divisions, ses particularismes, ses antagonismes et ses fragmentations… Certes, on a l'Union européenne, mais cette unification pourrait être plané-

taire, bâtie sur des valeurs humanistes réelles sans toutes les hypocrisies et les faux-semblants ! »

S'il vote lors des élections, « c'est toujours contre quelqu'un et pas pour quelqu'un » :

« Je dois dire que le cœur n'y est pas, confie-t-il. J'ai essayé d'écouter les politiques, mais ça ne fonctionne pas. Je ne sens pas d'âmes fortes, l'envie de séduire domine tout… C'est d'une laideur incroyable. D'ailleurs, tous ceux qui essaient de poser les choses sur le plan de la vertu sont liquidés ! Regardez Gandhi : c'était une sorte de politique, mais il ne faisait pas de la politique politicienne. Il apportait des éléments pour améliorer le vivre ensemble, mais on ne l'a pas laissé vivre. Martin Luther King aussi a été liquidé. Et mon ami Thomas Sankara, qui faisait figure vraiment exceptionnelle en Afrique, idem. Il voulait reprendre les choses, il était non violent, dans l'intelligence et la lucidité, il voulait orienter son pays… et il a été assassiné.

La politique n'est pas en phase avec la réalité. Aujourd'hui plus que jamais nous avons besoin d'hommes forts, moralement, qui ne soient pas là pour pérorer en promettant ce qui ne peut pas durer. Mais dès qu'il y a une conscience et une âme lumineuse animée par la vocation profonde de faire grandir l'humanité, on dirait qu'il faut se dépêcher de la faire taire. Alors la politique… qu'est-ce que ça veut dire aujourd'hui ? »

Pourtant, ses amis arrivent à le convaincre de présenter sa candidature aux élections présidentielles de 2002. Pierre Rabhi passe alors plusieurs nuits blanches avant d'accepter.

> « J'ai ri quand on m'a proposé cette idée, dit-il avec gaieté, et quand j'ai accepté, c'était pour l'opportunité de générer un débat national. Je ne briguais pas un poste de président, les accointances entre politiques et gagneurs d'argent établissent la gouvernance du monde et il ne faut pas s'illusionner plus que cela.
>
> Donc pour moi, aller vers la présidence, en admettant que cela soit possible, c'était me mettre dans une distorsion impossible à assumer. Le stoïcien et grand empereur Marc Aurèle, qui s'est posé des questions profondes sur les devoirs et éthiques du politique, mériterait d'être relu. »

Pierre Rabhi axe alors sa campagne sur des critères qui ne sont pas tenus par la politique, comme le fait de placer le féminin au cœur du changement, l'éducation des enfants ou la sobriété heureuse[1].

> « Il s'agissait aussi d'incarner l'utopie, ajoute-t-il. L'utopie est loin d'être une chimère portée par des gens naïfs : les utopistes ont fait évoluer l'histoire. Nul n'est plus utopiste qu'Einstein, par exemple : il n'est pas arrivé uniquement par déduc-

1. Voir à ce sujet son livre *Vers la sobriété heureuse,* Actes Sud, 2010.

tion positive et rationnelle, son intuition également a été impliquée dans son inspiration.

Krishnamurti accorde aussi une grande importance au rôle du questionnement dans l'évolution de l'humanité : pourrait-elle se faire si personne ne mettait rien en question ? Ce sont les gens qui transgressent qui font avancer l'humanité.

Et c'est là qu'est apparue l'idée de profiter du débat électoral pour attirer l'attention sur les valeurs et les critères sur lesquels les politiques ne s'arrêtent jamais, les critères de la vie. Nous avons épinglé le dogme de la croissance, cette croyance irréaliste et dangereuse ; nous avons insisté sur le besoin de se libérer de la société de surconsommation afin de produire et consommer localement ; nous avons remis le progrès en question en appelant à distinguer les progrès techniques des progrès humains… La vie sur terre étant un tout qu'il faut protéger, nous avons appelé à respecter le vivant sous toutes ses formes et incité à promouvoir une éducation qui remplace la peur d'échouer par l'enthousiasme d'apprendre. Il était également crucial pour nous de défendre une démocratie participative en valorisant le pouvoir que nous avons tous entre les mains et en donnant au féminin la place légitime et juste qui lui revient dans une société où le masculin domine et détermine l'histoire, avec les dérives et les violences que l'on sait.

Nous nous sommes dit qu'avec un tel programme nous n'allions avoir personne. Mais en deux mois et demi, nous avons obtenu près de deux cents signatures d'élus sur les cinq cents nécessaires pour se présenter ! Cela signifiait que nous n'étions pas les seuls à délirer dans notre coin, que nos propositions singulières et atypiques étaient partagées. Nos slogans, "Appel à l'insurrection des consciences" doublé de "Quelle planète laisserons-nous à nos enfants et quels enfants laisserons-nous à notre planète", avaient bien fonctionné. C'est là que je me suis aperçu que cette candidature avait provoqué un bouleversement national : plus de quarante conférences ont été organisées spontanément pour nous, les salles étaient pleines, la logistique était en place, l'argent est arrivé sous la forme de dons pour nous aider à réaliser la brochure de quatre pages présentant notre programme, etc.

Les débats furent vraiment démocratiques et ne sont pas restés dans la sphère de la gouvernance, nous explorions aussi la sphère humaine, partant du principe qu'il ne peut y avoir de changement de société sans changement humain. Les dispositifs d'éducation pour cette mutation font d'ailleurs partie des priorités. »

L'enthousiasme rencontré sur le chemin de cette candidature a joué le rôle de déclic pour Pierre Rabhi et son entourage : cette démarche atypique et utopique lui a révélé qu'une autre dynamique pouvait être mise en place. Le Mapic, Mouvement appel pour une insurrection des consciences, a vu le jour sur les fondamentaux de cette pré-candidature. Si le nombre de signatures d'élus n'a pas suffi pour que Pierre Rabhi puisse se présenter, l'engouement rencontré l'a conforté dans son envie de promouvoir encore plus largement une politique en actes en se positionnant à l'encontre du modèle actuel de société, « obnubilé par une croissance matérielle indéfinie qui n'est absolument pas viable » et cause de dysfonctionnement très grave (iniquité, pillages, etc.).

Depuis lors, la renommée de Pierre Rabhi continue de croître et le Mouvement Colibris pour la Terre & l'Humanisme collecte suffisamment de fonds citoyens pour continuer, grâce à une équipe dynamique partageant les mêmes valeurs, à les propager [1].

« C'est une belle réussite, reconnaît-il. Le plus touchant, c'est de recevoir ce soutien en conscience, de la part de gens qui approuvent ce que nous faisons, qui même parfois nous en sont reconnaissants et se rallient à notre effort pour nous aider. Voilà quelque chose de vraiment très significatif.

Pour l'élection présidentielle de 2007, nous aurions pu recommencer et avoir les cinq cents signatures, ajoute-t-il, mais j'ai dit non, n'ayant pas envie de créer un parti qui à mes yeux n'aurait pas eu de sens. Je place la politique hors des mécanismes élémentaires dans lesquels elle est aujourd'hui enlisée.

1. Le Mouvement Colibris a reçu les contributions financières de neuf mille personnes, à raison d'un engagement de 5 euros par mois environ.

La politique partisane, antagoniste, a de moins en moins de sens compte tenu des très graves enjeux qui déterminent le présent et encore plus l'avenir. Il s'agit du combat pour la vie et la survie de l'humanité et de la nature, tout le reste est secondaire. Je n'ai pas envie de me conformer à une règle du jeu dont il faut se débarrasser. »

L'écologie active et concrète incarnée par tous ces colibris prouve au quotidien qu'il est possible de s'impliquer dans l'évolution du monde et dans l'orientation de l'histoire. Tel est d'ailleurs le sens donné à la campagne Tous Candidats lancée avant les élections présidentielles de 2012.

« Le salut viendra de la société civile, explique Pierre Rabhi, de ce vaste laboratoire où s'expérimente le futur, avec tous ceux qui font autrement, se nourrissent autrement, construisent leurs maisons autrement… Cette ébullition, cet espace d'utopie, d'invention, d'imagination créative, c'est là que s'élabore le futur[1].

Partout, j'observe une mobilisation d'individus qui dans leur coin, sans faire de bruit, prennent des initiatives de vie et font autrement… Chauffer, cultiver, éduquer autrement. Il y a là un fourmillement de ces esprits qui travaillent. Il manque aujourd'hui de quoi leur donner corps, leur fournir les passerelles pour faire le lien entre tout cela et

1. Voir à ce sujet *Éloge du génie créateur de la société civile*, Actes Sud, 2011.

donner de la visibilité à un mouvement sous-jacent mais réel, vers des aspirations à un monde et une société différents. »

On retrouve ici cette habitude à incarner le changement. Rappelons-le une fois encore : pour Pierre Rabhi, la société ne changera que si l'humain change. C'est par là que le message sort des mécanismes élémentaires pour aller vers la transcendance.

« Quand on comprend cela, on a une vraie sensation de soi, de son rapport à la nature à laquelle on doit sa vie et son devenir, affirme-t-il. En tant qu'être humain, j'ai la sensation de contribuer à une vibration particulière, inspirée par la beauté et le mystère.

Si la pulsion de vie était plus développée, on ne fabriquerait plus de missiles, on n'investirait plus dans des pulsions de mort et de destruction. Les hommes sont pleins d'aptitudes mais inintelligents, la lucidité manque cruellement. Nous allons enfin être obligés de fonder notre survie sur l'intelligence de la vie si nous ne voulons pas disparaître, cela me paraît incontournable.

Avec la campagne Tous Candidats et l'ensemble des actions menées par le Mouvement Colibris, nous avons montré à quel point il ne suffit plus de déléguer le pouvoir à des personnes qui vont prendre en charge notre histoire ; les enjeux sont tellement graves, sérieux et décisifs qu'il faut que tout le monde se mobilise. Il y a une alternative :

l'explosion sociale, avec nombre de manifestations dans les rues et un enchaînement de crises, ou l'éclosion de la créativité de la société civile pour montrer comment nous pouvons construire un monde différent. Cela n'empêchera pas forcément l'explosion dont le monde est aujourd'hui déjà le grand théâtre, car je ne vois pas comment on pourra l'éviter... Mais nous pouvons anticiper et construire plutôt que de participer à des émeutes.

La chance serait d'avoir des politiques qui prendraient en compte cette dynamique sociale pour favoriser et promouvoir la créativité de la société civile. Ainsi, nous pourrions envisager et mettre en œuvre de vraies alternatives. Mais ça, c'est le schéma rêvé ! Les choses ne vont sûrement pas se passer ainsi. Seule certitude, nous, en dignes Colibris, nous faisons ce que nous avons à faire pour éteindre l'incendie... »

Il est parfois difficile d'obtenir de Pierre Rabhi des éléments plus détaillés sur le chemin à suivre pour atteindre ce changement. La raison en est simple : le seul changement viable, à ses yeux, est un changement de paradigme en profondeur – par opposition à la logique actuelle qui, tel un pompier pyromane, produit des défaillances qu'elle ne cesse de vouloir corriger. Parlez-lui, d'ailleurs, de développement durable et Pierre Rabhi sortira presque de ses gonds avant de vous répondre que cela n'a pas de sens :

« La notion de développement elle-même est artificielle, insiste-t-il, elle a été créée par la civilisation occidentale et l'idéologie selon laquelle le lucre est tout-puissant pour mesurer la prospérité des nations, avec le fameux PNB – PIB, ce qui évidemment donne une valeur exclusive à l'argent comme seul indicateur de richesse.

Nous devrions plutôt parler de "développement humain" tant le développement durable résonne comme un antidote au développement non durable. La vie globalement est durable, il faut donc s'interroger sur les raisons qui nous poussent à avoir recours à des artifices pour préserver le phénomène !

Dans mon jardin, cela fait des années que je récolte des légumes, je prends des graines et je les ressème. Il y a donc une continuité. Je pense que cette continuité est dans la vie elle-même. Certes, il y a eu des extinctions d'espèces mais la nature n'est ni bonne ni mauvaise, elle a établi des règles qu'elle applique. Quand une espèce ne peut pas perdurer, elle disparaît et une autre se met à sa place, il y a de nouvelles combinatoires, de nouveaux stratagèmes qui font que la vie perdure. »

Pour illustrer ce positionnement philosophique et intellectuel, prenons un exemple concret, comme la vente de produits biologiques en supermarché. Je fais remarquer à Pierre Rabhi qu'elle permet de démocratiser l'accès aux produits issus de ce mode d'agriculture. Pourtant, cette évolution reste insuffisante à ses yeux, tant les grandes surfaces détruisent les petits commerces et l'artisanat locaux.

« Je suis opposé à la grande distribution qui me paraît être une sorte de commerce totalitaire, s'indigne-t-il. J'ai connu des villages en Cévennes avant et après l'implantation de supermarchés. Les petits commerçants, artisans, paysans, disparaissent. Cela provoque, outre le dommage économique, une forme de désocialisation. Il reste parfois, au cœur du sinistre économique et social, quelques bistrots pour prolonger un peu de convivialité avant que le "syndrome du caddie" ne finisse par contribuer efficacement à l'extinction d'un vivre ensemble séculaire déterminé par la relation sensible. Même si celle-ci n'était pas parfaite, elle restait humaine. Je m'aperçois que la tradition des marchés hebdomadaires persiste heureusement dans certains villages, et je me fais une joie – et une acte de résistance – de m'y rendre chaque fois que cela m'est possible. Je rencontre des amis, et exprime par mes achats ma solidarité avec ces femmes et ces hommes qui donnent une âme à l'échange marchand.

L'objet de la grande distribution n'est certainement pas de servir l'humanité, mais de vendre toutes sortes de marchandises, utiles ou superflues, pour créer de la trésorerie et faire des placements qui génèrent encore plus d'argent. Ce fameux argent que l'on gagne en dormant. On imagine bien que ce système, qui met à portée de main, sans effort, toute marchandise recherchée, puisse avoir du succès. Les cathédrales de la consommation semblent procurer une sorte de jubilation éphémère dans la frénésie qu'impose un mode d'existence fondé sur le temps-argent.

La surabondance modifie notre façon de penser la réalité. Elle nous conditionne psychologiquement. Il s'agit là d'une approche totalitaire et d'une stratégie de monopole : les supermarchés font le vide autour d'eux et deviennent par conséquent indispensables.

Ne serait-il pas possible de mettre délibérément en place un quota destiné à maintenir le tissu social composé d'une certaine densité de petits commerçants et d'artisans ? Ne pourrions-nous pas préserver les savoir-faire traditionnels ? Le savoir-être favorable à un vivre-ensemble profitable à chacune et chacun de nous ?

Les supermarchés ne nous font pas vivre mutuellement, ils font vivre des lobbies à qui nous donnons le fruit de notre travail, notre temps.

Aujourd'hui, une subversion politique non-violente et rationnelle est nécessaire, pour réhabiliter un vivre-ensemble qui ait du sens et génère la solidarité vivante qui manque tant à notre société.

Cela signifie qu'il nous faut être des citoyens éveillés et déterminés pour contribuer à changer l'ordre des choses que nous récusons.

Quand je leur apprends à cultiver un jardin, je ne dis pas seulement aux gens de faire du bio, mais les invite à conquérir leur autonomie. Chaque fois que vous agissez par vous-même, vous amoindrissez un peu le pouvoir de ce qui nous asservit et nous rend dépendants.

C'est pour cela que je suis très rigoureux sur la nécessité de la sobriété comme solution à la dépendance. Nous devons apprendre à résoudre les problèmes avec les moyens les plus simples. C'est peut-être ainsi que l'on peut mesurer l'intelligence.

Tout cela me rappelle une anecdote : dans une entreprise de fonderie, il y avait les hauts fourneaux dégageant des températures très élevées au-dessus desquels circulaient des wagonnets suspendus contenant du minerai. Quand ces wagonnets arrivaient au-dessus du brasier, ils déversaient leur contenu, mais le choc thermique était tel qu'ils se déformaient un peu à chaque passage. Au bout d'un moment, ils n'étaient plus fonctionnels, finissaient par être complètement détériorés, et cela coûtait cher.

L'entreprise décide alors de réunir les ingénieurs, soulignant le coût du problème et la nécessité de lui apporter une solution. Ces grands esprits se réunissent, mais ils ne trouvent rien. L'entreprise décide alors d'interroger le personnel, et c'est là qu'un simple ouvrier ose à peine lever le doigt parce qu'il est au milieu d'ingénieurs et se sent tout petit… Puis il finit par dire : “C'est peut-être une bêtise, mais pourquoi ne pas remplacer ces godets qui coûtent très cher avec toutes leurs articulations difficiles et compliquées par des sacs de jute qui passeraient sur le feu ? Ça brûlerait le fond du sac et le minerai tomberait simplement dans le fourneau.” Les experts exhument leur calculette et se rendent compte que la solution est à la fois bonne et très peu onéreuse.

Examinée attentivement, cette anecdote n'est pas sans signification. N'est-ce pas une belle illustration d'une solution simple ? Aujourd'hui, les esprits sont tellement conditionnés qu'ils pensent que c'est à l'aune de la complexité que l'on mesure l'efficacité d'une solution. Cette complexification confisque à l'être humain la possibilité de résoudre par lui-même ses propres problèmes. Elle crée les "spécialistes", comme disait Illich, auxquels on a de plus en plus recours pour régler nos problèmes. La complexité n'est-elle pas une des causes générant plus de dépendance que de libération, en particulier à l'égard des outils modernes dont on se demande s'ils ne nous asservissent pas sous le prétexte de nous servir ? »

Le plus grand défi auquel nous sommes confrontés n'est donc pas de rafistoler le système, mais de le repenser dans son ensemble. C'est la raison pour laquelle Pierre Rabhi estime également que les actions humanitaires ne suffisent pas :

« Nous passons notre temps à corriger les dégâts du système. Mais il est possible d'aller plus loin, de dépasser l'humanitaire de secours pour aller vers l'humanisme qui abolirait la nécessité de l'humanitaire, affirme-t-il avec ferveur.

Je ne sais si je me fais comprendre. En abandonnant les approches réparatrices, l'humain devient la première référence si l'on veut définir un vivre-ensemble cohérent. Dans cette tentative, il faut évidemment prendre en compte l'irrationalité des hommes, la part subjective de la nature humaine avec tout ce que cela englobe. La tâche est loin d'être facile, mais elle est et sera de plus en plus irrévocable. »

Outre la possibilité de lutter contre cette logique de croissance indéfinie en faisant preuve de sobriété heureuse, Pierre Rabhi défend avec toujours autant de conviction, si ce n'est plus, le rôle de l'éducation. À ce sujet, il insiste encore sur l'importance de l'exemplarité :

> « Nous devons être le premier témoignage de ce que nous proposons. Sans cette cohérence, on peut comprendre qu'un enfant dise : "D'accord, toi tu veux que je sois comme cela, mais tu me demandes d'appliquer ce que tu n'appliques pas toi-même !"
>
> Quelquefois, il n'y a même pas besoin de paroles, il suffit simplement d'un comportement qui inspire l'enfant. La façon dont il voit vivre ses parents, les options qu'ils choisissent, la cohérence qu'ils essayent d'incarner, etc., l'enfant, semble-t-il, s'en imprègne plus que de n'importe quelle parole.
>
> Voilà probablement pourquoi le comportement est important, c'est notre meilleure façon de témoigner. Il nous faut tenter, et ce n'est pas toujours facile, de mettre en accord notre vie avec nos idées. Il faut rester modeste cependant, car il est souvent difficile d'atteindre ces "nobles objectifs". Nous avons à résoudre bien des contradictions, on est sans cesse obligé de faire certains compromis pour continuer à exister. Il y a cependant des choses

sur lesquelles je ne peux transiger sans me renier. Compromis et compromission doivent être bien identifiés et distingués. »

Ce qui est magique quand on passe du temps avec Pierre Rabhi, c'est la façon dont il transmet sa simplicité. Son vécu et sa philosophie de vie, les images qu'il utilise pour s'exprimer et les nuances qu'il apporte à son propos sont d'une telle intensité et d'une telle justesse qu'on a envie de croire à l'émergence de ce changement de paradigme auquel il aspire.

Dans un monde d'excès et d'outrances, défendre un principe de sobriété est une véritable prise de position, une vertu politique qu'il entend promouvoir au-delà des logiques partisanes, justement, et à sa manière. Quand nous en venons à parler d'écologie politique, Pierre Rabhi me confie qu'il rêverait que les discours sur l'écologie soient plus politiquement et poétiquement corrects :

« L'écologie, c'est de la poésie vivante, et tout ce qui représente l'écologie, c'est de la poésie incarnée. Je suis sûr que les Verts auraient plus de succès en mettant un peu plus de poésie dans leur programme.

Il faudrait que leurs documents soient composés de données factuelles accompagnées d'un bel hymne à la nature : l'écologie doit dépasser le factuel et nous aider à prendre conscience de la beauté dont nous avons besoin. La beauté nous vivifie, et je suis certain que la présence d'hymnes à la vie changerait complètement la donne, l'écologiste se distinguerait des autres candidats aux élections en interpellant en même temps que la raison des citoyens leur aptitude à s'enchanter devant l'immense beauté de la nature, et l'immense mystère qu'elle met en évidence, sans pour autant nous le révéler. »

Je me permets de lui rappeler combien les écologistes sont souvent associés – à tort – à une image assez « fleur bleue » en terme de politique et combien une telle approche pourrait les décrédibiliser. Mais notre paysan philosophe maintient son opinion :

« Faut-il rappeler que l'écologie concerne avant tout la vie dans sa totalité ? Elle devrait donc être au centre de nos préoccupations majeures et prioritaires. Cela nécessite une grande lucidité et une intelligence qui semblent en l'occurrence manquer cruellement. Je ne suis pas sûr néanmoins que cela décrédibiliserait les écologistes. Je le vois bien lors de mes conférences. J'essaie d'y mettre de l'esprit et de la poésie, et les gens viennent me dire que cela leur fait du bien de ne pas être dans une optique uniquement pragmatique et factuelle. Nous vivons également d'élans d'affection et de beauté. Nous avons besoin d'émerveillement et d'admiration. Cette société empesée de rationalité est étouffante. Il nous faut en sortir de temps en temps pour aller vers la légèreté libératrice. Prenez un beau paysage : je ne vais pas payer pour le regarder. C'est la gratuité de la vie. Ces montagnes et ces ciels bleus, les arbres, le chant du vent et des oiseaux nourrissent l'âme sans qu'on ait besoin de payer. Vous savez cela, je souhaite que mes amis les Verts ajoutent au registre factuel indispensable celui de la beauté de la nature que nous voulons préserver et aimer. »

Dans ces conditions, comment parler poétiquement d'une problématique telle que le chômage ? Comment son approche pourrait-elle y répondre ? En revenant aux origines du terme, me répond-il : *tripalium*, en latin, faisait référence au dispositif dans lequel on assujettissait les animaux pour les immobiliser et les ferrer. En revisitant la sémantique, on se rend compte de la force symbolique du terme dans notre psyché. Aujourd'hui, on parle même de matériel humain, de compression de personnel, de dégraissage des effectifs, etc., comme si l'on avait affaire à de la matière !

« Quand on forge un mot, analyse Pierre Rabhi, il est censé traduire la vision qu'on a voulu communiquer. Dans le cas du travail, cela révèle une espèce de mépris. Cette société, je la vis comme esclavagiste et féodale. Esclavagiste parce que l'être humain, dès qu'il est scolarisé, est conditionné par le savoir inculqué à servir le modèle et à produire du Produit national brut sur lequel, décidément, je reviens souvent ; et féodale dans le sens où le résultat obtenu par l'effort collectif bénéficie à la caste planétaire des grands possesseurs. On sait ce que la réaction collectiviste a produit, en particulier une partition mondiale et tout ce que le régime de la terreur a généré sur l'ensemble de la planète. Je comprends bien que celui qui monte une entreprise prend un risque et endosse certaines responsabilités. Il y a une forme de légitimité à avoir un statut privilégié. Mais l'entrepreneur doit aussi reconnaître qu'il ne serait rien sans les gens qui travaillent pour lui.

Tout cela est bien compliqué. L'essentiel serait de retrouver la justesse dans les cadences, de sortir de la frénésie du monde. Jardiner est bon pour ça : quand je plante mes pommes de terre, je sais qu'elles pousseront à leur rythme, et c'est à moi d'apprendre la patience et de goûter au temps cyclique, à savoir celui de la vie qui se manifeste dans nos pulsations cardiaques, dans notre respiration auxquelles nous ne sommes plus attentifs.

J'espère que le jour viendra où, à la question "Qu'est-ce que tu fais ?", je répondrai qu'après avoir pourvu à mes besoins essentiels, je suis en train de perdre du temps. Cela aurait une signification bien plus profonde qu'une boutade, dans l'ambiance du monde du temps-argent.

Mais prenons une autre problématique, comme la question du PIB. Pour en parler, j'aime rappeler cette histoire. Ma mère adoptive, bourguignonne, produisait du vin avec un de ses cousins qui avait des terres. Rituellement, tous les samedis, elle me rejoignait au marché où je vendais mes fromages et nous allions manger au restaurant. C'était l'occasion de faire le point sur la semaine et de nous revoir, tout simplement.

Or le vin, au grand désespoir de ma mère, je ne le digère pas bien. Elle me disait que si j'en buvais plus, j'irais mieux. J'ai beau avoir essayé, plus j'en buvais et plus j'allais mal. Malgré cela, quand on se retrouvait à déjeuner, elle commandait une bouteille de vin. Pour lui faire plaisir, je prenais une ou deux gorgées et je trinquais avec elle. Un jour où nous étions avec des amis, j'entends ma mère leur raconter que nous sommes allés au restaurant, que le menu était excellent et que nous avons bu une bouteille à deux…

Cette petite histoire résume à elle seule ce qu'est le produit national brut ! s'exclame Pierre Rabhi dans un éclat de rire. On donne le PIB pour tant d'habitants, mais on se garde bien de dire ce qu'il revient à chacun.

Voilà pourquoi je m'efforce, dans mes conférences, d'être aussi ironique que radical, je tente de faire de la pédagogie dans l'humour en évitant la cruauté de la dérision. Sur l'écologie comme sur d'autres sujets, j'essaye de ne pas dire n'importe quoi sans être sûr d'y parvenir et j'accompagne le tout d'une résonance humaine sans jugement des consciences qui crée le lien et permet de toucher les gens et les ouvrir à la beauté du monde et à la spiritualité du vivant. »

Pierre Rabhi estime d'ailleurs que l'écologie ne devrait pas être cantonnée à un parti politique.

Pour lui, elle concerne tout le monde et mérite d'être complètement intégrée comme paramètre fondamental de la réalité :

> « C'est par défaut qu'on essaie de faire avancer l'écologie politique mais elle est défaillante du fait qu'elle n'intègre pas dans son discours ce qui est de l'ordre de l'émotionnel, de la beauté, analyse-t-il. La problématique de la vie n'est ni de gauche, ni de droite. »

Je lui demande alors ce qu'il pense du Grenelle de l'environnement, qui a permis à l'ensemble des parties prenantes de la société française de s'exprimer et de s'entendre sur un minimum d'engagements plus respectueux de l'environnement :

> « C'est un pas en avant et je ne peux qu'être favorable à ce qui amène à intégrer dans l'action des éléments concernant les problématiques écologiques. Mais cela ne doit pas servir d'alibi et, sous couvert de faire des efforts écologiques plus ou moins validés et souvent dérisoires, laisser à la logique destructrice le champ d'autant plus libre que l'on prétend réparer ses dégâts. La logique du pompier pyromane est encore une fois à prohiber. Il s'agit là d'une hypocrisie insupportable. Il ne faut pas corriger le mal, mais le supprimer. Il ne s'agit pas par exemple d'affamer les gens et de leur apporter ensuite des sacs de vivres pour se donner une image de générosité… Voilà pourquoi je fais la

distinction entre l'humanitaire et l'humanisme pour participer à l'éradication de la faim dans le monde. Avec l'approche agroécologique, nous avons créé une fondation. Je me dois de solliciter le soutien de toute conscience, entrepreneur ou pas, pour répondre à cet énorme enjeu.

J'ai rencontré en la personne de Michel Valentin une belle conscience avec qui nous avons fondé le centre des Amanins. Quand je l'ai rencontré, il m'a dit : "Je sais gagner de l'argent, mais gagner de l'argent pour gagner de l'argent ne m'intéresse plus, j'ai envie de faire autre chose de ma vie." C'était donc un premier pas. À partir de là, on s'est demandé ce qu'on pouvait entreprendre ensemble : il a apporté les moyens et moi des idées et des valeurs partagées par un nombre important de personnes. Nous avons mutualisé tout cela et les Amanins sont nés de ces échanges fructueux.

J'ai aussi eu affaire à des chefs d'entreprise satisfaits de leur réussite matérielle, mais pas de leur réussite personnelle, ce qui pose une fois encore la question de savoir ce que nous voulons faire de nos existences. Le bien suprême reste quand même le bonheur, la joie de vivre, mais ils ne se vendent ni s'achètent. Comment revenir à l'essentiel ? À quelque chose qui donne à la vie son sens, sa cohérence et sa jubilation ? Chacune et chacun de nous est seul face à cette aspiration, mais c'est aussi dans le rapport que nous avons aux autres et à la nature que se trouve la réponse. »

Dans la peau de Pierre Rabhi

Ces dernières années, les propos de Pierre Rabhi sont devenus plus incisifs, ses projets se sont étoffés, son discours et ses idées ont pris de l'ampleur et son aura atteint désormais un public beaucoup plus large. D'ailleurs, l'écoute accrue dont il bénéficie l'encourage au quotidien et lui donne bon espoir en l'avenir.

Aussi avons-nous consacré du temps à parler de cette notoriété qui est la sienne aujourd'hui. Si le doute l'habite parfois, les marques d'encouragement et les approbations qu'il reçoit lui donnent la force d'avancer, toujours et encore.

Pierre voit son engagement comme un long chemin inconnu jalonné de gens qui ne cessent de l'approuver dans sa démarche… autant de témoignages qui lui confirment la justesse de son action mais qui parfois l'angoissent un peu :

« Aujourd'hui, malgré le nombre de conférences pour lesquelles je suis sollicité, on est toujours obligé de refuser du monde, les gens y assistent debout pour certains. Cela ne me réjouit pas pour ma petite personne, Rabhi, c'est 52 kilos tout mouillé avec ses défaillances et ses défauts... Il ne faut pas me prendre comme une référence, je suis là au service des valeurs qui me paraissent sublimer la vie et qui sont liées à une sorte d'intelligence suprême qui me paraît évidente ; ce n'est pas moi qui ai cette intelligence, je la sens et souhaite prouver qu'on ne peut rester inactif face à l'énergie destructrice qui sévit dans le monde.

Le fait que ce message soit entendu me réjouit, mais parfois, Pierre Rabhi m'énerve : même si je suis plein de compassion envers lui, c'est comme si j'étais arraché un peu à moi-même pour assumer ce personnage. »

Son chemin, en effet, est aussi un chemin de solitude : la vie d'homme public exige d'en assumer un peu plus que d'ordinaire. Mais Pierre Rabhi ne se plaint pas, il reçoit beaucoup de soutiens et d'affection, il sait que ses conférences ont encouragé bon nombre de personnes sur les voies d'une vie plus respectueuse du vivant.

Les doutes qui l'assaillent parfois naissent essentiellement de la responsabilité que ce rôle lui confère :

« La parole est très puissante, précise-t-il, elle peut manipuler les âmes, ce qui nécessite évidemment d'être très vigilant pour respecter une déontologie dans ce que l'on communique et transmet. Bien sûr, la première déontologie est d'être honnête avec soi-même : parle-t-on pour se valoriser ou pour les valeurs que l'on défend ? J'adopte donc une posture morale, vérifie sans cesse si je parle pour ma propre reconnaissance ou pour délivrer une parole libre de moi, qui me paraît juste. C'est pour cela que je fais souvent la distinction entre Pierre Rabhi dans son engagement et Pierre Rabhi en tant que personne, dans son intime, qui n'est pas sans souffrance.

Je suis extrêmement respectueux et je ne cherche pas à convaincre les gens : je veux simplement dire : "Voilà comment je vois les choses, les voyez-vous comme moi ?" Certes, il y a des sujets sur lesquels je suis intransigeant et même péremptoire, comme la souffrance humaine ou animale et bien d'autres réalités négatives imputables à nous-mêmes, mais sur d'autres, je préfère qu'on regarde ensemble et que chacun soit libre de son jugement. La parabole du semeur de l'Évangile m'inspire beaucoup. Il faut répandre les graines : certaines vont germer dans la terre et donneront de belles récoltes, d'autres tomberont sur des pierres, certaines seront mangées par des oiseaux. Tout ce qu'il faut inlassablement faire, c'est ensemencer avec modestie et authenticité. Le reste ne nous incombe pas. »

Ne lui arrive-t-il pas de se sentir un peu découragé ? De perdre de son optimisme ? Parfois, oui. En comparant les résultats obtenus au temps investi sur certains projets, il lui est arrivé d'être un peu déçu et de regretter que cela ne soit pas allé plus loin…

> « Mais cela nous ramène à une certaine modestie, souligne-t-il aussitôt. Avec la lenteur que l'humanité met à comprendre, il y a des espaces dans lesquels nous pouvons agir et faire ce que nous pouvons et il y a des espaces qui nous échappent car nous sommes nous-même limités.
>
> La formule "Nous faisons le possible et Dieu fera l'impossible" résume bien ce que je tente d'exprimer : à certains moments, les choses ne sont plus à notre mesure. »

Il est touchant, Pierre Rabhi, lorsqu'il fait ces confidences… Aussi touchant que lorsqu'il vous emmène faire un tour dans le bois de Païolive, en contrebas de la ferme. Cette forêt ancienne s'étend sur 13 000 hectares. Dans ses enchevêtrements de blocs calcaires érodés et d'arbres majestueux, minéral et végétal se lient et se relient intimement pour lui donner un aspect magique, quasi mystique. La biodiversité y est unique, préservée dans un relief accidenté qui abrite deux mille ans d'histoire. Tantôt enchanteur, tantôt inquiétant, « le bois de Païolive interdit à ceux qui le traversent de rester figés dans leurs certitudes et dans leur confort mental » a déclaré un jour l'écrivain Gil Jouanard. On se dit alors que le lieu était vraiment prédestiné…

Tout en marchant, Pierre Rabhi évoque la perte de relation sensible, conviviale entre les êtres.

« À une époque où les modes de communication sont surdéveloppés, en même temps qu'ils développent considérablement les connexions virtuelles entre les gens, ces outils semblent réduire les autres capacités d'expression (gestes, regards, etc.).

Ils facilitent la vie mais disloquent et distendent les liens sensibles, constate-t-il avec regret. Au bout d'un certain seuil d'usage, ils deviennent des auxiliaires, des prothèses. S'ils venaient à manquer, ce serait l'effondrement.

L'humanité devra désormais apprendre à sortir du dilemme entre l'outil qui sert et l'outil qui, pour mieux nous asservir, nous oblige à s'y adapter. Nous évoluons beaucoup dans la voie de la créativité technologique, mais avec une conscience qui a de moins en moins le pouvoir sur ce que nos aptitudes nous permettent de produire. Et c'est là un immense problème pour le destin collectif de l'humanité. La notion de boîte de Pandore ne cesse de se confirmer. C'est encore une fois la nature avec sa rigueur qui nous mettra les limites. Par ailleurs les outils évoluent tellement vite vers la complexité et la virtualité que nous n'avons pas toujours le temps de nous y adapter. Ce dilemme est à prendre très au sérieux si nous voulons maîtriser notre évolution et construire en toute conscience et liberté une belle transformation de notre présence au monde. »

Avec le temps, Pierre Rabhi, paysan philosophe, considère son cheminement spirituel comme une décantation pour se libérer du connu et des scories que nous portons en nous-même, dans notre histoire. Dans son parcours de vie fait d'arrachement, de rupture et d'exil, il voit ses deux cultures et ses deux familles comme une chance pour comprendre les contradictions du monde, mais il souffre aussi de ne pas avoir plus connu sa mère, au point de se comparer à un clandestin... On comprend alors à quel point, comme tout homme, il est confronté à l'angoisse du temps qui passe.

S'il ne se lamente pas sur son sort, il ressent aujourd'hui le besoin de se libérer de certains tourments. Il conserve des allers-retours effectués, petit, entre ses deux familles et ses deux cultures, la sensation de l'estomac qui se noue et l'angoisse à l'arrivée du train... Un son qu'il a appris à dompter tant la notion de départ l'a taraudé pendant longtemps, associée qu'elle était à l'impression d'exil dans une famille d'adoption si éloignée et déconnectée de ses origines.

« Le lieu où je suis aujourd'hui, Lablachère, c'est ma toute petite patrie, murmure-t-il. Cette terre, je l'ai aimée et l'aimerai encore et toujours. Je l'ai soignée et elle m'a soigné ; Michèle ma compagne de vie y a mis beaucoup de son courage, avec des enfants qui s'y sont épanouis.

D'une part, je ne pouvais pas dire que j'étais musulman intégral et je ne pouvais pas dire que j'étais un chrétien intégral, d'où un problème d'identité. J'ai dû, pour trouver ma propre identité, m'affranchir de toute appartenance. Il s'agissait d'émerger à moi-même pour faire de cette double composante une richesse et non pas un clivage.

D'autre part, le fait d'avoir choisi le christianisme m'exilait, puisqu'il n'était pas question que je puisse retourner dans ma famille naturelle en proclamant "je suis chrétien". Dans le climat général de la guerre d'Algérie, suite au conflit avec mon père d'adoption, je n'avais plus de famille. Et c'est dans cette solitude et cet exil intégral que je suis arrivé à Paris pour essayer de survivre en découvrant la société du travail et le monde industriel.

Cet exil a fait que je me suis beaucoup rapproché des philosophes, j'ai donné beaucoup d'importance aux questionnements humains, beaucoup plus qu'aux mathématiques et à la chimie, qui m'ennuyaient. La métaphysique m'a amené à questionner intimement la vie et la philosophie m'a aidé à trouver ma propre identité, paradoxalement en me "désidentifiant", si je puis dire. »

En dix ans, la passion qui animait Pierre Rabhi s'est doublée de la conviction de faire quelque chose de juste, avec la sensation d'être utile à lui-même, à ses semblables et à la nature. Aussi aime-t-il passer du temps à observer la cadence du temps éternel, celui de la nature, des étoiles et de la chorégraphie qu'elles dessinent dans le temps et l'espace…

Au quotidien, il a aussi ses petites habitudes bien sûr.

« C'est au titre d'un simple témoignage que je parle de ma vie personnelle. Je me réveille tôt, confie-t-il, vers six heures, mais je ne me lève pas pour autant, je reste au lit. J'ai une petite boîte à sardines en guise de radio, et j'écoute France Culture, les nouvelles, quelques chroniques. Certaines sont intelligentes, ou bien faites, et d'autres non. En tout cas, c'est ma façon d'ouvrir la porte du jour nouveau.

Ensuite je prends mon petit déjeuner, en général du thé avec des galettes de riz. Après, ma journée s'organise par priorités, du travail en lien avec mes différents projets, ou alors au jardin.

Je passe beaucoup de temps au téléphone, pour communiquer avec des amis ou pour des interviews téléphoniques. Je me déplace moins qu'avant, autrement je serais en permanence sur les routes.

De temps en temps, je lis *Le Canard enchaîné* : je trouve que c'est un canard intéressant car il enlève les voiles d'hypocrisie sur des choses, leurs analyses me plaisent bien. Autrement, je ne lis plus beaucoup, si ce n'est des contes ou pour mon travail.

Le soir je regarde systématiquement la télévision. J'aime Arte, je regarde aussi beaucoup de films, les bons policiers, les westerns, les comédies légères – et même les "navets" ! Je suis bon public, la télé me vide la tête, m'offre un moment de lâcher prise. C'est une parenthèse qui me permet d'évacuer les soucis de la journée. »

Des soucis, il faut le souligner, souvent liés à la souffrance du monde telle qu'il la ressent en lui. Pierre Rabhi a mis du temps à le comprendre. Il avoue se protéger un peu plus désormais de son inquiétude permanente sur l'état de la planète.

« J'absorbais tout, confie-t-il. Je suis hypersensible et cela me plaçait dans une position de réprobation permanente qui me polluait. Avec le temps, j'ai compris que je devais prendre aussi soin de moi. Il fut une période où je n'arrivais plus à me détendre, mon mental me jouait des tours. Le sommeil était devenu un refuge, il me permettait de m'absenter de la réalité devenue trop présente sinon.

Aujourd'hui ça va mieux, j'arrive à me relaxer et à retrouver mes postures méditatives sans avoir peur des angoisses. Il y a des causes psychologiques, mais aussi physiologiques, une profonde fatigue, je pense. Puis j'apprends à relativiser, et à ne plus m'en faire, je me raisonne : il faut de l'humour et ne pas se prendre au sérieux. »

Après tous ces échanges, j'ose à peine le lui demander, mais il le faut bien… Souhaite-t-il s'arrêter un jour ? Envisage-t-il une relève afin de prolonger son travail ?

« Bien sûr, je souhaite que nos actions et ce processus positif à l'égard de la vie se poursuivent.

Et puis quand on disparaît, on ne disparaît pas totalement, on influe sur la vie des autres grâce à l'héritage qu'on leur laisse, mais il faut que cela soit constructif du meilleur. Ce qu'on a transmis prolonge un peu notre présence au monde. On peut donc être en paix et se dire que la relève est là.

On continue à vivre à travers tous ceux qui nous portent dans leur cœur.

En attendant, j'essaie d'être tout simplement habité par une exigence qui est celle de l'amour. Je suis animé par l'amour, j'ai cette chance, avec l'impression de ne jamais aimer assez. »

Avant de partir, je propose à Pierre Rabhi de regarder sur « l'inter-pas-net » la vidéo d'un concert donné par son ami Yehudi Menuhin… Nous restons là en silence, à écouter *Les Romances* de Beethoven. J'ai un petit sourire aux lèvres, sentant qu'il pourrait y prendre goût… Pour moi, l'internet est aussi un inter-êtres.

Remerciements

Anne-Sophie Novel remercie chaleureusement Cyril Dion, Nelly Pons, Françoise Vernet, Pierre-François Pret, Jean-Philippe Fabre, Caroline Bourret, Sophie Rabhi et Laurent Bouquet pour leurs conseils et leur aide.

Et naturellement, Pierre et Michèle Rabhi, pour leur accueil et leur inspirante sagesse…

Table

*Cet ouvrage a été achevé d'imprimer
en mai 2013 par Corlet Imprimeur,
Condé-sur-Noireau, pour le compte des
Éditions de La Table Ronde.*

Dépôt légal : octobre 2012.
N° d'édition : 255847.
N° d'impression : 155709.

Imprimé en France.
R.2